POUR EN FINIR AVEC LA HONTE

Catalogage avant publication de Bibliothèque et Archives nationales du Québec et Bibliothèque et Archives Canada

Boissonnault, Francine
Pour en finir avec la honte : se défaire de l'emprise de la honte et de la culpabilité
ISBN 978-2-89436-334-8
1. Honte. 2. Culpabilité. 3. Humiliation. 4. Réalisation de soi. I. Titre.
BF575.S45B64 2012 152.4'4 C2011-942525-4

Nous reconnaissons l'aide financière du gouvernement du Canada par l'entremise du Fonds du livre du Canada (FLC) pour nos activités d'édition.

Nous remercions la Société de développement des entreprises culturelles du Québec (SODEC) pour son appui à notre programme de publication.

Infographie de la couverture : Marjorie Patry
Mise en page : Roseau infographie inc.
Révision linguistique : Amélie Lapierre
Correction d'épreuves : Michèle Blais

Éditeur : Les Éditions Le Dauphin Blanc inc.
Complexe Lebourgneuf, bureau 125
825, boulevard Lebourgneuf
Québec (Québec) G2J 0B9 CANADA
Tél. : (418) 845-4045 Téléc. : (418) 845-1933
Courriel : info@dauphinblanc.com
Site Web : www.dauphinblanc.com

ISBN : 978-2-89436-334-8

Dépôt légal : 1er trimestre 2012
Bibliothèque nationale du Québec
Bibliothèque nationale du Canada

Imprimé au Canada

Francine Boissonnault

POUR EN FINIR AVEC LA HONTE

SE DÉFAIRE DE L'EMPRISE DE LA HONTE ET DE LA CULPABILITÉ

Le Dauphin Blanc

« Francine est une femme extraordinaire, profondément engagée à transformer la vie des gens, en les aidant à se libérer de la honte. Elle exprime à voix haute, de manière candide, ce que bien des gens pensent en silence. Son authenticité est libératrice pour tous ceux qui sont prêts à manifester le courage d'explorer leur ombre et d'accueillir tous les aspects d'eux-mêmes. »

— Debbie Ford, auteure du livre
Le grand ménage de la conscience en 21 jours

Je dédie ce livre à François, l'homme de ma vie,
qui m'apporte depuis tant d'années amour et soutien
inconditionnels, et à nos trois merveilleux enfants,
Gabrielle, Catherine et Guillaume.
Merci d'être dans ma vie !

TABLE DES MATIÈRES

REMERCIEMENTS

Je tiens à remercier du fond du cœur toutes les personnes sans lesquelles je n'aurais pu réaliser ce livre. Les voici :

Debbie Ford, ma professeure et ma mentore, dont le travail inestimable et l'affection m'ont permis de me libérer de la honte et de me réaliser professionnellement et personnellement. Merci, Debbie, de m'avoir appris que tous les gens qui croisent mon chemin sont mon miroir et que toutes les parties de moi sont dignes d'amour. Sans toi et ton œuvre, ce livre ne pourrait pas exister.

Mes premiers lecteurs, Danielle Bertrand, François Bertrand, Gabrielle Bertrand, Véronique Dabsalmont, Dominique Drouin et Guylaine Trudel. Vos questions, commentaires, corrections et critiques m'ont permis, par leur pertinence, d'améliorer ce livre à tous les points de vue.

Les personnes si importantes que la vie a placées sur ma route à l'époque où ma personnalité se construisait : maman, papa, tante Gaby, tante Simone, Marie-Claire, Léon, Charles, André, Kristian. Vous m'avez marquée à tout jamais et vous avez contribué à faire de moi qui je suis. Je vous aime inconditionnellement.

AVANT-PROPOS

« L'enfer, c'est de mourir sans n'avoir jamais
pu être soi-même. »
— Ginette Reno

« Le privilège d'une vie est d'être qui vous êtes. »
— Joseph Campbell

Au moment de publier ce livre, la peur s'empare de moi. Elle m'envahit. C'est une peur qui m'est familière. Elle m'a tant de fois paralysée. C'est la peur de livrer au monde ce que je suis. C'est la peur de vivre le rejet, l'humiliation.

En moi, l'enfant crie : « Cache-toi, cache ce que tu es. Vite ! Vite ! »

Je dois me cacher pour sauver ma peau ! Quel destin si cruel suis-je en train de fuir, de chercher à éviter à tout prix ?

« Si tu ne vaux pas une risée, tu ne vaux pas grand-chose », disait ma grand-mère. Pourtant, cette risée est la blessure mortelle que je fuis à corps perdu, dans l'espoir d'y échapper à tout jamais. Ce faisant, je me tue.

Je me tue à petit feu, je tue mon essence, mon esprit, ma flamme, ma force vitale. Je me cache et je m'éteins tranquillement, en voie de devenir un zombie de plus, en sécurité dans une vie de désespoir tranquille.

Je cherche le confort et le plaisir pour combler le vide. J'accumule les biens matériels pour étouffer mon angoisse, comme des milliers de gens morts sans avoir vécu.

Cette peur, celle qui me hante, me paralyse et m'anéantit, elle me pousse à reculer, toujours vers la sécurité, vers un terrain connu, vers le passé.

Je dois choisir entre mon image ou mon essence. C'est encore une fois l'humiliation possible ou l'invisibilité. On ne peut plaire à tout le monde !

Selon l'adage populaire, « le ridicule ne tue pas ». Certes. On répète cela aux enfants pour les convaincre d'oser, de risquer de faire des choses éventuellement ridicules, mais qui leur permettront de se dépasser et de vaincre leurs peurs. Paradoxalement, lorsque l'on voit une personne se comporter d'une manière que l'on juge ridicule ou humiliante, on emploie cette même expression pour justifier qu'elle est encore en vie.

Soyons réalistes. Si le ridicule tuait, nous serions tous morts. La race humaine serait éteinte depuis longtemps !

Cependant, je suis convaincue que la peur du ridicule et de l'humiliation tue l'âme. Elle tue notre flamme, notre essence, notre unicité.

Celui qui se laisse mener par la peur du ridicule est un mort vivant qui étouffe l'expression de ce qu'il est vraiment et qui prive le monde de la contribution originale qu'il est le seul à pouvoir apporter.

En regardant autour de moi, je vois des gens conformistes. Ils suivent le troupeau dans l'espoir de recevoir l'approbation de leur clan. La peur du ridicule étouffe chaque jour des milliers de Picasso, d'Einstein, de Newton, de Galilée. Faut-il rappeler que ces génies ont tous été tournés en ridicule par les bien-pensants de leur époque ? Si ces êtres exceptionnels avaient cédé à la peur du ridicule, le monde serait bien différent de ce qu'il est aujourd'hui.

Plus que jamais, la planète a besoin de gens qui sont prêts à prendre le risque de déranger. La peur du ridicule m'a empêchée d'exprimer ce que je suis pendant des années. Aujourd'hui, je prends la plume pour m'en libérer. J'espère ainsi contribuer à libérer d'autres personnes qui se créeront alors une vie plus épanouissante et qui pourront, à leur tour, prendre part à l'essor de l'humanité grâce à leurs idées « ridicules ».

INTRODUCTION

C'est mon histoire... Ressemble-t-elle à la vôtre ?

« L'individu doit lutter pour ne pas se faire dévorer
par l'ensemble de la tribu. »
— Friedrich Nietzsche

Toute ma vie, je me suis sentie différente. Je n'étais à ma place nulle part. Enfant unique, j'ai vécu, très jeune, de nombreuses pertes et séparations. En vérité, j'ai eu dans les années 60 une enfance marginale qui est venue alimenter encore plus ce sentiment d'être étrangère, d'être une « extra-terrestre ».

À une époque de familles traditionnelles plutôt nombreuses, j'étais la seule progéniture d'une mère qui travaillait à l'extérieur et d'un père malade qui restait à la maison. Également élevée par deux tantes et une grand-mère qui habitaient le même immeuble, j'étais exclusivement entourée d'adultes. Le monde des enfants m'était totalement étranger avant mon entrée à l'école.

Je ne m'étendrai pas sur les circonstances rocambolesques qui ont fait que je me suis retrouvée pensionnaire dans un orphelinat à cinq ans et que j'ai ensuite changé d'école six fois en sept ans, ni sur l'étrange personnalité de ma mère, ni sur la séparation de mes parents, ni sur le décès de mon père alors que j'avais à peine neuf ans.

Tout cela constitue « mon histoire », tout aussi unique que la vôtre, qui a fait de moi qui je suis, tout comme vous, un être à part avec un cadeau original à offrir au monde.

Le fait indéniable d'avoir vécu des situations inhabituelles, surtout pour l'époque, et d'avoir dû m'adapter à une nouvelle école chaque année de mon primaire, a marqué à tout jamais mon identité.

Quiconque a vécu un changement de milieu en bas âge sait que les nouveaux venus sont souvent mal acceptés. Ils deviennent généralement les souffre-douleur d'enfants qui cherchent toujours un bouc émissaire plus mal en point qu'eux sur lequel se défouler.

Être à part des autres est une très grande épreuve pendant l'enfance. L'enfant se sent inquiet, par définition, lorsqu'il se retrouve brutalement plongé dans un milieu inconnu. Il a peur et ne veut qu'une chose, être admis au sein du groupe pour s'y sentir protégé et rassuré. C'est l'instinct de troupeau qui trouve sa source aussi loin que dans nos gènes animaux et nos atavismes préhistoriques. À une certaine époque, l'humain avait besoin du groupe, du clan, pour survivre, tout comme l'animal. C'est d'ailleurs encore le cas dans plusieurs parties du monde. L'isolement, le rejet, l'exil signifient la mort.

Jamais je n'oublierai cette première nuit dans un dortoir rempli d'enfants que je ne connaissais pas, car elle fut la première nuit blanche de ma vie. Je l'ai passée à fixer la lumière rouge qui indiquait la sortie. J'ai pleuré toutes les larmes de mon corps pour cet abandon, ce rejet inexplicable que je subissais et dont je me croyais responsable. Ce fut l'une de mes premières rencontres intimes avec la honte dévastatrice. Il fallait vraiment que je sois horrible, un monstre pour mériter cela ! L'enfant croit toujours mériter son sort, si abominable soit-il.

Dans ce nouveau milieu complètement étranger, je voulais à tout prix être acceptée, mais je sentais que je n'étais pas à ma place. Je n'avais jamais partagé la vie d'autres enfants. Je ne savais même pas comment jouer, autrement que toute seule, avec les toutous et les poupées qui peuplaient mon monde imaginaire. J'ai été rejetée, exclue, humiliée, intimidée et même agressée. On a volé ou détruit tous ces beaux jouets que je ne voulais pas partager. Chaque soir, dans mon lit, je pleurais en me demandant pourquoi on m'infligeait toutes ces souffrances. J'observais les autres. Puis, j'ai rapidement constaté les façons d'être, les comportements et les attitudes qui permettaient à mes compagnons d'être acceptés et ceux qui faisaient de moi une exclue.

Très vite, j'ai également découvert comment compenser cette exclusion en me convainquant intérieurement de ma supériorité. Étant donné que je n'avais jamais vraiment appris à jouer avec d'autres enfants, je me justifiais en me disant que j'étais plus évoluée et plus mature que tous ces « morveux » qui prenaient plaisir à se lancer un ballon et à sauter à la corde. Comme ma proximité avec le monde des adultes m'avait permis d'apprendre de nombreuses notions avant mon entrée à l'école, je me confortais en me sentant plus intelligente que mes camarades qui étaient, en majorité, des orphelins sous-stimulés. Ma soi-disant « supériorité » justifiait mon rejet d'une manière plus supportable.

Cependant, je voulais être acceptée plus que tout. Jamais, pendant tout mon primaire, je n'y suis vraiment arrivée, car je ne restais nulle part assez longtemps pour me tailler une place. Tout au plus, j'arrivais à me faire quelques amis parmi les autres «rejets», que je prenais sous mon aile et manipulais assez facilement grâce à ma « supériorité ». J'avais développé la capacité de manipuler les autres comme un outil de survie.

Au secondaire, les choses ont changé. J'ai finalement atterri dans une bonne école huppée où je suis restée jusqu'à la fin du cycle. J'ai utilisé toutes les leçons de mon primaire décousu pour me faire accepter. Dès ma première année dans cet établissement, j'ai acquis un sentiment d'appartenance et je me suis fait des amis. En deuxième année du secondaire, j'étais devenue une élève appréciée, entourée de camarades choisis avec soin parmi les plus populaires.

Génial, non ? Oui et non. J'étais intégrée, je n'étais plus isolée, mais à quel prix ? Il y avait effectivement un fort prix à payer. J'avais appris à bien observer ce qui était acceptable ou non dans mon milieu et les péchés impardonnables. Je comprenais les règles du jeu et m'efforçais de les suivre, quitte à étouffer ma véritable nature.

Dans ce monde, il ne fallait surtout pas être « quétaine ». *Quétaine* est un mot bien québécois qui désigne ce qui est kitch, ringard. Il peut désigner un peu n'importe quoi, en fait, car on est toujours le quétaine de quelqu'un. Cela dit, dans mon milieu, tout ce qui faisait « peuple » était jugé quétaine : l'art populaire, les chaînes de télévision à succès, certains vêtements, décors et quartiers. Il fallait aussi être mince à tout prix, même maigre. Dans cet univers bon chic, bon genre, la folie de la minceur que l'on observe aujourd'hui existait déjà dans les années 70.

En fait, tous les milieux ont leurs tabous. Dans mon monde snobinard, le quétaine était assurément tabou. Dans des milieux plus populaires, c'est au contraire passer pour un snob et « se prendre pour un autre » qui est tabou. Quels que soient notre contexte et ses interdits, nous voulons éviter ce qui risque de nous isoler du clan, de faire de nous des exclus.

J'ai donc appris bien vite à juger en fonction des critères de mon groupe d'appartenance. Devant un objet, une situation, je me posais la question : « Mes amis trouveraient-ils cela digne d'intérêt ou ringard ? » Dans la seconde éventualité, cela ne pouvait évidemment pas me plaire. Cette façon de faire est rapidement devenue une seconde nature et le jugement se faisait inconsciemment. En fait, j'en arrivais à ne même plus connaître mes goûts véritables. Les préférences de la bourgeoisie montréalaise étaient devenues les miennes.

J'ai continué à évoluer dans ce milieu après mon secondaire : collège renommé, université bien cotée. Aux critères de bon goût et de ce qui était *in* ou *out* sont venus s'ajouter ceux de l'intellectualisme. Lire certains magazines populaires était impensable, et l'avouer était bien pire que d'avouer sa consommation de drogue ou certaines pratiques sexuelles marginales. En fait, il était assez bien vu de se « geler » sans dépendance et de faire l'exploration sexuelle. Par contre, on ne pouvait lire des romans à l'eau de rose qu'en cachette.

L'important n'est pas de comprendre ce qui était acceptable ou pas dans mon univers, car cela varie en fait énormément d'un milieu à l'autre, d'une culture à l'autre. Ce qui compte, c'est le phénomène général. On apprend à penser et à fonctionner d'une manière qui permet d'être accepté par le groupe auquel on souhaite appartenir, auquel on n'a souvent pas le choix d'appartenir. C'est le cas, par exemple, des personnes vivant au sein de communautés culturelles ou religieuses très fermées. Pour de nombreux membres de ces univers clos, partir n'est même pas envisageable. Ils adoptent les valeurs de leur milieu sans se poser de questions.

La peur de faire rire de moi et de me faire ridiculiser constitue le noyau autour duquel s'est construite ma personnalité. J'ai pris envers moi-même l'engagement que jamais plus, si je pouvais l'éviter, on ne rirait de moi. Cet interdit que je me suis imposé pendant plusieurs décennies m'a privée de nombreux plaisirs et moyens de me réaliser.

Par exemple, je suis une championne de jeux-questionnaires. Je gagne toujours à *Quelques arpents de pièges*, à *Docte Rat* et à d'autres jeux de connaissances générales. Chaque fois que je regarde un jeu-questionnaire télévisé, je connais la plupart des réponses et j'aurais envie de m'y inscrire pour tenter ma chance. J'envie les participants. Pourtant, je n'y suis jamais allée parce que dans mon système de valeurs, c'est « quétaine ». J'ai peur que mes anciens camarades d'école ou collègues de travail me voient et se moquent de moi. J'ai peur aussi de me ridiculiser en figeant devant la caméra.

J'ai toujours eu envie d'écrire. J'ai la plume facile. Je sais que j'écris plutôt bien et j'ai toujours caressé le projet de « commettre » un livre. Toute jeune, j'écrivais des histoires. Au collège, je participais à des ateliers littéraires. Depuis des années, je gagne en partie ma vie à faire de la traduction, ce qui confirme mes habiletés d'écriture. De plus, j'ai bien des choses à dire. Pourtant, vous avez entre les mains mon premier ouvrage. Pourquoi ? La peur du ridicule, de me dévoiler, de me « planter », de faire rire de moi par des gens que j'ai perdus de vue depuis des lustres. Aujourd'hui, j'écris pour moi, comme dans un journal intime. Si vous me lisez, c'est que j'aurai vaincu cette peur du ridicule qui me paralyse depuis l'enfance.

En effet, ma mère utilisait abondamment l'humiliation comme « outil pédagogique ». J'entends encore son petit ricanement dont elle m'abreuvait dès qu'elle voulait m'encourager à modifier un comportement. Elle considérait sans doute que, voulant éviter l'humiliation et le ridicule, je me soumettrais à ce qui, selon elle, était la bonne façon d'agir. Cette tactique de destruction massive de ma personnalité a relativement bien fonctionné, en ce sens que j'ai effectivement tout fait pour éviter d'entendre son petit rire sarcastique dont le seul souvenir, aujourd'hui encore, me glace le sang. Cependant, cela n'a pas nécessairement donné le résultat escompté. Il faut toujours tout faire pour éviter de faire rire de moi… J'ai bien retenu la leçon ! Par contre, les moyens auxquels j'ai eu recours n'étaient pas nécessairement conformes aux dictats maternels, bien au contraire.

Ceux qui me connaissent seront sans doute étonnés de me voir prétendre être une personne rongée par la honte, qui a toujours vécu dans la peur d'être ridiculisée et humiliée. Au contraire, je présente l'image d'une femme extravertie, fonceuse et débordante de confiance en moi. Cela dit, cette confiance n'est qu'une façade. J'ai effectivement foi en mes talents pour entreprendre et réussir des choses. J'ai totalement confiance en ma capacité de faire, mais je n'ai aucunement confiance en ma capacité d'être.

Confiez-moi une tâche, une mission, je l'exécuterai sans problème. Comptez sur moi, jamais je ne vous décevrai, même au prix de faire fi de mes propres besoins. Cependant, demandez-moi de vous révéler qui je suis, de me mettre à nu devant vous, et voilà que je tremble de peur. Je suis certaine, au fond de moi, que cela ne m'apportera que rejet et humiliation.

Or, la vie nous donne toujours ce que nous attendons, ce que nous croyons valoir et mériter au fin fond de notre être. C'est une loi fondamentale du phénomène d'attraction ou de manifestation qui est souvent mal comprise. On aura beau faire de la visualisation, se répéter sans cesse les affirmations les plus positives et mettre en pratique tous les préceptes des livres de pensée magique à la mode, on ne peut attirer que ce qui reflète ce que l'on est et confirme ce que l'on croit mériter le plus profondément, souvent inconsciemment.

Combien de personnes tentent de manifester la prospérité depuis des années, sans résultat ? Tant qu'au fond d'elles-mêmes, elles sont persuadées qu'elles sont « nées pour un petit pain », que « les riches sont tous des arnaqueurs » ou que « la vie est dure », elles ne pourront pas y arriver.

Il en va de même pour la quête de l'amour. Convaincue, au fond de moi, que le seul moyen d'éviter de me ridiculiser était de porter un masque de fille très *cool*, comment aurais-je pu attirer un garçon qui m'aimerait vraiment pour ce que je suis ?

Il était inévitable que l'événement marquant qu'est le premier amour allait venir confirmer et renforcer encore plus cette conviction profonde que je devais enfouir bien profondément la réalité de mon être.

Cette première histoire commence à seize ans, le jour où un gars que je connais à peine me prend à part, au beau milieu d'une fête, pour me dire qu'il voit clair en moi, qu'il sait qui je suis vraiment. Il prétend réaliser que je suis quelqu'un de bien plus profond que ne le laissent croire les airs de fille *cool* que je me donne. Il dit que je devrais révéler qui je suis : quelqu'un d'unique, d'extraordinaire. Il croit que cela en vaut la peine !

Cette déclaration me stupéfie. Non seulement quelqu'un (un garçon !) a vu clair en moi, mais il trouve que ce qui s'y cache est merveilleux ! Je suis littéralement sciée, éblouie. Ce jeune homme si clairvoyant ne peut être que mon âme sœur, mon double cosmique, l'homme de ma vie !

Mon âme assoiffée d'amour et de reconnaissance de ce qu'elle est vraiment est très loin de réaliser que ce prince charmant est en réalité un ado marginal, lui aussi. Ce beau parleur n'aspire, en fin de compte, qu'à une aventure romantique avec une fille pas trop superficielle qui saura l'apprécier pour son charme et sa sensibilité, malgré un physique légèrement ingrat et un milieu familial sans grande classe et très restrictif.

J'ai tôt fait d'étouffer ce pauvre ado perturbé par mon amour intense et éternel, et il me laisse tomber (d'une manière à la fois déchirante et romantique, fidèlement à son personnage) après quelques semaines à peine.

Je suis dévastée. Cet incident vient renforcer ma croyance que personne ne peut m'aimer vraiment pour ce que je suis. Je dois donc continuer à me cacher, à faire semblant, à « donner le change ».

Comme cerise sur le gâteau, ma charmante mère, voyant sa fille si éplorée, ressort pour l'occasion son petit rire entendu et m'humilie d'avoir cru en cet amour. Comment avais-je pu être aussi naïve, aussi stupide ? Son but n'était évidemment pas méchant. Elle voulait juste me secouer, me réveiller, me faire réaliser à quel point il est idiot de croire au prince charmant. L'effet est pourtant tellement dévastateur ! L'humiliation ne fait qu'intensifier la peine. Je ne veux plus que cela arrive, plus jamais, à n'importe quel prix.

Je renforce encore mon personnage. Ce garçon a vu clair en moi. Il a su exploiter mes points faibles. Qu'à cela ne tienne, ce sera plus difficile à l'avenir. Je poursuivrai mon chemin avec un masque en béton. Bien rares sont ceux qui verront ce qui se cache derrière. Je sais comment agir pour être appréciée et populaire. Je vais m'y tenir.

Pourtant, au fond de mon âme, je n'aspire qu'à une chose, que quelqu'un comprenne qui je suis vraiment et m'aime précisément pour cela. Cela m'a pris près de cinquante ans pour prendre conscience que cette peur de l'humiliation me tuait à petit feu, que ce masque était un boulet plus lourd que le plomb et que de le laisser tomber était ma seule chance de me réaliser un jour.

PARTIE I – LES ORIGINES

1. LE PÉCHÉ ORIGINEL : LA HONTE D'EXISTER

Dans cette histoire qui est la mienne, on retrouve, certes, des ingrédients uniques, mais aussi des éléments communs à la construction de la personnalité de tous les êtres humains, à divers degrés. Personne ne peut échapper totalement à l'humiliation. L'humiliation engendre la honte, et la honte pollue toutes les expériences humaines dans lesquelles elle s'insinue.

Parmi les émotions que nous ressentons tous, certaines sont perçues comme positives, d'autres, comme négatives. Les émotions positives sont faciles à définir. Ce sont celles qui nous rendent heureux : l'amour, la joie, la gratitude, la compassion, la confiance, la plénitude, la sérénité. Les émotions que nous considérons comme négatives sont celles qui nous font du mal : la tristesse, le désespoir, la peur, la haine, la colère, la jalousie, l'envie, la culpabilité.

Ces émotions peuvent cependant toutes être bénéfiques, même les émotions soi-disant négatives, à condition de les accepter et de les intégrer pour en accueillir la leçon. Par exemple, éprouver de la jalousie devant la promotion d'un collègue peut nous faire prendre conscience que notre emploi ne nous procure plus satisfaction ou que nous ne nous sentons pas appréciés à notre juste valeur. Lorsqu'elle est accueillie sainement, cette prise de conscience devrait nous pousser à l'action et nous inciter à remédier à la situation pour rétablir l'équilibre dans notre vie.

Parallèlement, toutes les émotions peuvent éventuellement devenir toxiques lorsqu'on les cache, lorsqu'elles sont associées à la honte.

Une émotion à la base positive, comme la joie ou l'amour, peut se transformer en cauchemar toxique lorsque nous ressentons la honte de l'éprouver. Une femme attirée par le conjoint de sa sœur peut sentir la joie monter spontanément en elle, si elle apprend la séparation du couple. Ces émotions positives, joie et amour, seront presque inévitablement accompagnées de remords et de honte, dans un tel contexte. Pour fuir cette honte, nous avons souvent comme réflexe naturel d'enfouir tout cela le plus profondément possible. Voilà comment nous transformons une émotion de prime abord positive en émotion toxique.

En fait, la honte est l'ingrédient toxique qui peut empoisonner toutes les émotions, toutes les expériences, car elle s'accompagne inévitablement d'un intense sentiment de malaise et elle nous pousse au déni. Comment ne pas tenter de nier, même à nous-mêmes, que nous possédons de ces caractéristiques qui nous font tant honte ?

La honte est la pierre d'achoppement de la construction de la personnalité. Dès la plus tendre enfance, nous apprenons à avoir honte de nos émotions, comme l'envie ou la colère, de nos penchants naturels, comme la gourmandise ou la paresse, et même de nos réflexes physiologiques, comme l'élimination ou l'excitation sexuelle.

La honte est un sentiment normal pour les enfants. Dès que l'enfant se rend compte qu'il a déçu ses parents d'une quelconque façon, il ressent la honte. Honte de ne pas avoir su retenir son pipi, honte d'avoir volé un biscuit dans la jarre, honte d'avoir menti à propos du biscuit volé, honte d'avoir frappé son petit frère dans un élan de rage, honte de son impuissance, honte de sa vulnérabilité, honte de sa dépendance.

La honte est un réflexe d'être humain imparfait. Pourtant, la psychologie enseigne que la honte n'est pas une émotion qui, dans un développement normal, devrait prendre beaucoup de place. Le psychanalyste américain Erik Erikson, l'un des pères de la psychologie moderne, aborde la question de la honte dans sa théorie du développement psychosocial. Selon lui, le développement est ponctué de crises dont la résolution est essentielle à la formation de l'identité.

Il constate avec justesse que notre personnalité est composée de qualités opposées qui se manifestent selon les circonstances. Nous pouvons être tour à tour optimistes ou pessimistes, indépendants ou dépendants, courageux ou froussards, fonceurs ou passifs, chaleureux ou froids, compétents ou inadéquats, satisfaits ou frustrés, honteux ou fiers.

L'équilibre repose sur l'intégration de toutes nos caractéristiques et sur la capacité de passer de l'une à l'autre facilement, selon les circonstances. Erikson constate que l'humain traverse diverses étapes de développement qu'il appelle « crises », dont l'issue détermine l'émotion, positive ou négative, qui dominera sa personnalité par la suite.

Selon lui, dans le développement idéal, la honte se manifeste surtout de dix-huit mois à trois ans, au moment où l'enfant apprend la propreté et la maîtrise de son corps, et elle se résout dans l'autonomie. Cependant, force est de constater que dans de nombreux cas, ce sentiment de honte persiste et se manifeste encore fortement après cet âge. On peut supposer que c'est parce que, trop souvent, il est utilisé par les éducateurs qui y voient un moyen de diriger l'enfant dans le « droit chemin » et de l'encourager à adopter des comportements socialement acceptables.

Ainsi, l'enfant qui se sent en sécurité et aimé inconditionnellement malgré ses erreurs pourra, certes, ressentir la honte, mais cela ne durera pas. L'amour de ses parents lui redonnera bien vite confiance en lui. La honte envahissante est le signe d'un déséquilibre engendré par des manifestations d'autorité abusive et excessive.

Devant l'enfant devenu propre qui « s'échappe », par exemple, la réaction d'un parent sain et détendu ne devrait pas lui faire ressentir de la honte, du moins, pas de façon importante et marquante. Le parent n'en fera pas grand cas. Il pourra même prendre cela à la légère en faisant réaliser à l'enfant que son « accident » n'est pas bien grave, que c'est une chose normale qui arrive à tout le monde à l'occasion. Je me souviens d'avoir raconté à l'un de mes enfants, qui avait fait pipi au lit à un âge assez avancé, une anecdote où cela m'était déjà arrivé étant adulte, alors que je rêvais que j'étais assise sur la cuvette. Une telle réaction a eu pour effet de dédramatiser la situation. Je suis convaincue que mon enfant n'a pas vécu cet événement comme un traumatisme.

Pourtant, même le meilleur des parents fait fatalement ressentir à son enfant de la honte à l'occasion. Nous ne pouvons pas toujours cacher notre réaction spontanée devant les gaffes inévitables de nos enfants. Or, les enfants ressentent avec une extrême acuité l'émotion vécue par leurs parents, surtout lorsqu'ils en sont l'objet.

La honte est un sentiment normal qu'éprouve l'être humain, qui prend conscience de son imperfection, pourtant indissociable de la nature humaine. Nul ne peut réaliser qu'il a déçu quelqu'un qu'il aime et estime sans ressentir de culpabilité, du moins passagère.

Cependant, lorsqu'elle est mal gérée par l'entourage, lorsqu'elle est même encouragée par un parent qui croit qu'elle peut servir d'outil pédagogique, la honte devient l'émotion toxique qui peut empoisonner presque toutes nos expériences, dès l'enfance. Elle devient un mal qui nous ronge de l'intérieur, extrêmement difficile à guérir, car malheureusement, la vie nous fournit bien peu d'encouragements à le faire.

En effet, une personne qui manifeste de la jalousie à tort ou à travers, qui explose de colère à la moindre contrariété ou qui se lamente constamment sur son sort se fera inévitablement rappeler à l'ordre par son entourage. Si ces émotions toxiques sont présentes en elle au point qu'elle n'arrive pas à se maîtriser, elle en viendra probablement à consulter pour éviter de se retrouver seule, abandonnée de tous. Elle a, heureusement, bien des chances de guérir ou, à tout le moins, d'arriver à faire la paix avec ses démons intérieurs.

Par contre, la honte est, par définition, une émotion vécue dans l'ombre. Même la personne qui souffre de « honte envahissante » peut paraître, la plupart du temps, tout à fait normale.

En fait, elle semble souvent particulièrement bien adaptée. Elle se surveille sans arrêt pour ne pas déplaire, pour ne pas donner prise à la critique, pour ne pas subir le rejet. Alors, évidemment, son entourage n'y voit que du feu. Elle a appris à bien cacher ses penchants ou tendances susceptibles de déranger. Aussi, les chances sont minces pour qu'on la mette au défi de changer, du moins tant qu'elle ne sombrera pas dans la dépression, à force d'étouffer ce qu'elle est vraiment. Même alors, on essaiera, au mieux, de l'aider à sortir de son *burnout* de personne hyper performante qui s'est trop donnée ou, au pire, on l'incitera à se secouer pour vaincre cette torpeur qui « ne lui ressemble pas ». En somme, son entourage voudra qu'elle redevienne au plus vite « elle-même », comme avant, c'est-à-dire inhibée par la honte, mais en apparence agréable et performante.

Cependant, quand elle prend trop de place, la honte en vient à engendrer la dépression chronique. La personne n'est plus fonctionnelle et a besoin de stimuli constants, de béquilles, pour engourdir sa souffrance et sortir de sa torpeur. Cela est à l'origine de nombreux comportements autodestructeurs et de la dépendance envers tout ce qui peut temporairement engourdir la souffrance et sortir l'individu de sa honte[1].

C'est probablement ce qui explique que notre culture judéo-chrétienne enseigne que l'orgueil est le péché le plus grave, qui causa la chute de Satan. En fait, toutes les religions présentent l'humilité comme une vertu et l'orgueil comme un très grave défaut. Quel est le lien ? Quand on y réfléchit bien, on réalise que l'orgueil d'une personne ne fait, à première vue, pas grand tort à autrui, à moins que cet orgueil ne se manifeste en tyrannie ou despotisme. Alors, pourquoi donc l'orgueil est-il si grave dans toutes les religions ?

L'orgueilleux veut à tout prix présenter une image de perfection. Il souhaite être supérieur en tout, exemplaire. Or, c'est impossible et il le sait en son for intérieur. Il réalise bien qu'il n'est pas à la hauteur de son fantasme, de l'image qu'il veut projeter. Quel être humain peut sérieusement se croire parfait ? Alors, évidemment, l'orgueilleux ressent de la honte. Il a honte de toutes ses imperfections, de tous ses défauts. Il a honte de tout ce qui fait de lui un humain, en fait, car il se veut parfait, égal à Dieu.

L'orgueil est une source de souffrance parce qu'il entraîne inévitablement la honte. Et la honte étouffe l'âme humaine. L'orgueil est un réflexe de défense contre la honte, mais il nourrit encore plus cette honte. Plus j'ai honte de ce que je suis, plus je tente de me convaincre que je suis supérieur aux autres. Chaque incident qui me prouve le contraire me replonge encore plus profondément dans la honte. C'est le cercle vicieux par excellence de la déchéance humaine.

Dans les textes bibliques, on décrit l'orgueil comme le péché de Satan et l'origine du mal sur terre. Rien de moins ! Selon les Écritures, Satan était une créature céleste, un ange d'une grande beauté et d'une gloire extraordinaire. On dit que, par orgueil, il a voulu se faire l'égal de Dieu et même le supplanter, ce qui a engendré sa chute et sa ruine.

On dit de lui : « Toi qui scelles la perfection, toi qui es plein de sagesse, parfait en beauté, [...] ta conduite fut parfaite depuis le jour de ta création, jusqu'à ce que l'on découvre en toi la perversité. » Ézéchiel 28 : 12, 14-15

« Toi qui disais : “Je monterai dans les cieux, je hausserai mon trône au-dessus des étoiles de Dieu, je siégerai sur la montagne de l'assemblée divine à l'extrême nord, je monterai au sommet des nuages, je serai comme le Très-Haut.” » Isaïe 14 : 13-14

C'est l'allégorie de l'être qui se veut parfait, comme Dieu, et qui se rend compte que la perfection est tout simplement impossible. On retrouve là toute la tragédie de l'échec ! Cette prise de conscience est à la source d'un grand malheur pour l'être qui aspire à être divin, qui se met à rejeter tout ce qui est source d'imperfection, c'est-à-dire, finalement, tout ce qui le rend humain. Il est convaincu qu'en fin de compte, le divin exclut l'humain.

Le rejet de toutes ces faiblesses, ces pulsions, ces imperfections qui, précisément, font de nous des humains, est très souffrant. Tenter, par exemple, de refouler ses pulsions sexuelles est aussi absurde et vain que de tenter d'ignorer la faim. C'est voué à l'échec. C'est un échec sans cesse renouvelé qui, chaque fois, engendre la honte. Il est d'ailleurs troublant de constater que dans notre société, les tabous et la honte liés à la sexualité ont, en quelque sorte, été transférés sur l'alimentation. Alors qu'autrefois, on tentait en vain de refouler sa sexualité, évidemment sans succès, aujourd'hui, c'est l'attirance bien humaine vers la nourriture qui est le nouveau tabou. Les « modèles » d'aujourd'hui ne sont plus les êtres chastes et désincarnés, ce sont les êtres squelettiques et tout aussi désincarnés qui paradent leur maigreur comme témoignage de leur victoire sur la nature humaine. Le mot clé demeure *désincarné*, soit « dégagé du corps charnel, éloigné de la condition humaine[2] ».

Quand on aspire à la divinité et à la perfection, on ne peut faire autrement que d'éprouver de la honte, presque sans répit. Tant d'éléments de ce que nous sommes, de ce que nous réalisons, semblent imparfaits. Presque tout ce qui constitue la condition humaine est perfectible ! Attendre de soi la perfection est aussi absurde que d'espérer qu'un enfant qui crayonne pour la première fois réalise un tableau de grand maître.

La condition humaine, c'est l'incarnation d'une âme divine dans un corps d'animal. L'imperfection fait partie de la recette ! Pourquoi l'orgueil est-il un si grave péché ? Tout simplement parce qu'il entraîne la honte de ses imperfections, à coup sûr ! Or, la honte est comme un poignard dans l'âme. Elle fait atrocement souffrir. Elle torture et rend méchant aussi. Un être qui souffre fait inévitablement souffrir autour de lui.

Satan en est, encore une fois, l'exemple parfait. Satan est puni, banni du royaume des cieux. Sa déchéance le pousse à faire souffrir autour de lui les pauvres humains qui tombent sous son emprise. Il cherche à faire chuter, à humilier les humains et à les priver de la grâce divine parce que la honte le ronge et qu'il veut partager sa souffrance, dans une vaine tentative pour l'alléger. Cela ne peut pas être Dieu qui le punit d'avoir voulu être son égal. Dieu est amour, ne l'oublions pas. Dieu est amour et il punirait le plus beau de ses enfants pour s'être cru supérieur à lui ? Allons donc ! Tous les enfants se croient supérieurs à leurs parents, cela fait partie du développement normal, de l'adolescence !

La punition, c'est la honte, la conséquence naturelle de ce péché. On se l'inflige soi-même. Quand on se veut parfait, on a honte de ce qui ne l'est pas en soi. C'est aussi simple que cela. Voilà pourquoi l'orgueil est un si grave péché. En fait, les péchés capitaux de la religion sont toutes ces émotions susceptibles d'engendrer la souffrance humaine : la gloutonnerie, la paresse, l'orgueil, la luxure, l'avarice, la colère, l'envie. Quand on y regarde de près, ces péchés parlent tous d'excès. L'excès d'intérêt pour la nourriture devient la gloutonnerie, l'excès dans le repos, la paresse, etc. De même, l'excès dans la fierté devient l'orgueil qui nous pousse à nier notre nature humaine et à sombrer dans la honte. Et plus l'orgueil est grand, plus la honte qui l'accompagne l'est aussi.

L'orgueilleux aspire donc à la perfection, qui semble lui échapper sans cesse. Et si la perfection résidait précisément dans notre humanité telle qu'elle est, avec ses forces et ses faiblesses ? Dirait-on qu'une fleur est moins parfaite qu'un arbre parce que plus faible ? Un poulain est-il moins parfait qu'un étalon parce qu'il ne sait pas courir ? Un chien est-il moins beau qu'un papillon parce que moins coloré ? Nous sommes humains. Nous sommes divins. Nous faisons partie de la nature et nous faisons partie de la divinité. Toutes nos qualités et tous nos défauts font ce que nous sommes, un être unique avec un cadeau unique à offrir à l'Univers. C'est précisément dans cet alliage unique entre l'animal et le divin que réside la vraie perfection humaine, celle qui n'engendre aucune honte.

Notre nature animale nous pousse à rechercher d'abord la survie, puis la satisfaction de nos sens. Notre nature divine nous incite à transcender ces pulsions naturelles pour ennoblir la matière, c'est-à-dire la rendre plus belle, plus harmonieuse, par l'expression de notre créativité.

Cette guerre intérieure prendra-t-elle fin un jour ? À quand la grande réconciliation, à quand le traité de paix intérieure ?

2. LA CONSTRUCTION DE L'EGO

a) L'ego, grand maître de la honte

Dans la tentative de décrire la peur de l'humiliation, d'en comprendre les mécanismes et d'espérer en sortir, il est essentiel de définir ce qu'est l'ego et comment il fonctionne. Le concept d'ego n'est pas facile à cerner. On l'emploie souvent en sentant instinctivement ce qu'il signifie, sans pour autant pouvoir l'exprimer clairement. C'est ce que je vais tenter de faire ici, aux fins de cette discussion.

Il faut d'abord préciser que j'utilise ici le mot *ego* dans le sens populaire généralement compris, c'est-à-dire ce qui compose la personnalité extérieure, l'idée que la personne se fait d'elle-même, le masque qu'elle souhaite présenter au monde. C'est une représentation faussée et limitée de ce qu'est l'être dans sa totalité.

Pour se sortir de la prison que représente l'emprise de la honte, il est essentiel de comprendre quel est le rôle de l'ego et comment il fonctionne. L'ego n'existe que dans un seul but : nous protéger contre les dangers qu'il perçoit tout autour, et particulièrement contre l'inconnu. Il représente la partie de notre conscience vouée à la préservation de notre individualité, à notre survie. Pour ce faire, il cherche toujours à nous ramener en territoire familier, où il sait comment survivre et se débrouiller. C'est ainsi qu'il nous garde prisonniers du passé. Pour l'ego, mieux vaut rester dans une prison de sécurité connue, où notre survie est assurée, plutôt que nous aventurer à l'extérieur, dans un monde inconnu et potentiellement dangereux, même si c'est là que résident toutes nos chances de s'épanouir.

Cette fonction d'assurer notre survie et notre sécurité a, bien sûr, son utilité. C'est pourquoi il faut apprécier et respecter son ego, sans lequel l'humain n'existerait plus en tant qu'individu. Il se fonderait dans « le grand tout », il serait comme un poisson dans un banc de poissons, un parmi d'autres, sans existence en tant que créature unique.

L'ego travaille donc d'abord à notre survie physique, puis à notre survie psychique. Il comprend vite que, dans notre monde, les gros mangent les petits et leur imposent leur volonté. Dès l'enfance, on réalise que les parents ont plus de pouvoir que leurs enfants et que les aînés dominent les plus jeunes.

L'ego aspire donc à devenir le plus gros possible, le plus fort possible, le plus puissant possible par rapport aux autres. Or, il comprend que sa faiblesse, sa vulnérabilité et ses erreurs le placent à la merci des plus forts. C'est ainsi qu'il ressent de la honte, ce sentiment qui découle non seulement du désir de perfection auquel aspire l'âme humaine, mais aussi de la peur de l'anéantissement qui alimente l'ego.

L'unique fonction d'un ego en santé est d'assurer sa survie. Cependant, dès qu'il est blessé, dès qu'il a subi des outrages qui l'ont rendu craintif et vulnérable, il fera tout pour que son importance devienne telle qu'il pense échapper définitivement à la honte de son insignifiance, dont il est convaincu. Toutefois, l'humain ne peut arriver à satisfaire son ego, car l'ego n'est jamais satisfait tant qu'il n'est pas convaincu d'être le plus beau, le plus riche, le plus puissant, le plus intelligent, et ainsi de suite. Chaque affrontement avec « mieux » que soi place de nouveau l'humain devant ses propres limites.

Quelles sont donc les stratégies mises de l'avant par l'ego pour échapper à cette honte qui le rattrapera toujours ? Soit il s'amenuise, se cache, se fait le plus petit possible pour passer inaperçu et échapper ainsi à l'humiliation, soit il se gonfle pour impressionner les autres et se convaincre lui-même qu'il est le plus fort, comme dans la fable de la grenouille qui voulait être plus grosse que le bœuf.

Ces deux tendances opposées sont décrites en psychologie comme les sentiments d'infériorité et de supériorité, qui sont en fait les deux côtés d'une même médaille. Celui qui se sent inférieur cherche à tout prix à se convaincre qu'il est supérieur aux autres. Il veut le prouver au monde. Son masque d'arrogance sert à cacher sa conviction de n'être rien et la honte profonde qui l'habite.

b) L'humiliation, grande blessure de l'enfance

« Si tu ne vaux pas une risée, tu ne vaux pas grand-chose. »
— Maxime populaire

Durant toute l'enfance et l'adolescence, faire rire de soi fait très mal. Personne n'y échappe complètement : on est soit trop grand ou trop petit, trop gros ou trop maigre, trop cancre ou trop « bollé ». On n'a pas d'argent pour suivre la mode ou, au contraire, on est une « victime de la mode ». On est mauvais en sports ou en mathématiques. Qui ne s'est jamais étalé de tout son long dans une flaque d'eau en route pour l'école? Qui n'a jamais répandu sa boisson sur ses vêtements? L'apprentissage de la vie implique bien des essais et des erreurs, bien des humiliations et des risées.

Quand on a, à la base, un ego bien solide, construit par l'amour inconditionnel de ses parents, ces petites humiliations passagères ne laissent pas de traces. Si, par contre, on possède un ego déjà fragilisé par les critiques incessantes d'éducateurs pour lesquels on n'est jamais assez bien, ces incidents peuvent se transformer en coups de poignard qui laissent autant de cicatrices profondes dans l'âme. C'est ce que l'on appelle les « blessures narcissiques ».

En psychanalyse, on parle de blessure narcissique pour désigner les dommages faits au sentiment d'amour et d'estime de soi d'une personne. Pour comprendre comment les blessures narcissiques se produisent, il faut d'abord expliquer la construction d'un narcissisme sain chez l'être humain.

Le narcissisme, c'est-à-dire l'amour de soi, le sentiment de sa propre valeur, l'image positive que l'on a de soi-même, est une notion complexe et souvent mal perçue, car elle a généralement une connotation négative. En effet, on utilise le terme *narcissisme* le plus souvent pour désigner un trop grand amour de soi, dont l'excès a un caractère pathologique. C'est d'ailleurs ce qu'illustre le mythe de Narcisse, qui tombe amoureux de son image entrevue dans l'eau d'un puits, au point d'en perdre tout intérêt pour le monde extérieur et les autres. Il est tellement attiré par sa propre image qu'il se noiera d'ailleurs en voulant la rejoindre.

Le terme *narcissisme* ne sert toutefois pas uniquement à décrire de tels comportements maladifs. Un narcissisme que l'on peut qualifier de sain ou de « normal » est nécessaire à l'équilibre humain.

On ne peut pas vivre, aimer les autres et se réaliser si l'on ne s'aime pas.

Comment le narcissisme sain doit-il se développer ? Il se construit au fil de l'interaction de l'enfant avec ceux qui prennent soin de lui, généralement ses parents.

En venant au monde, bébé ne peut ni s'aimer ni aimer qui que ce soit, car il n'a même pas conscience d'exister en tant qu'être entier, distinct de sa mère. C'est petit à petit, généralement à travers sa relation avec ses proches, qu'il en vient à prendre conscience qu'il existe. À cette étape, le bébé se perçoit comme le centre de l'univers. Le monde extérieur n'existe pas pour lui. Il lui apparaît comme un prolongement de sa personne et il est persuadé qu'il le commande par la seule force de sa pensée. Il se sent tout-puissant. Comme sa mère accourt rapidement pour répondre au moindre de ses besoins, il la perçoit comme un prolongement de son propre corps. Il est convaincu qu'il a autant de pouvoir sur elle que sur son bras ou sa jambe. Durant cette phase appelée « narcissisme primaire », le premier objet d'attachement de l'être humain est donc sa propre personne.

Selon la théorie psychanalytique du développement, cette étape du narcissisme primaire ne dure cependant pas longtemps. À mesure que le bébé grandit et que sa mère réagit moins rapidement à ses pleurs, il réalise peu à peu qu'elle ne fait pas partie de lui et qu'elle a une existence propre. Cela amène l'enfant à prendre conscience qu'il y a, à l'extérieur de lui-même, une réalité que sa pensée ne peut diriger.

Cette découverte de l'existence et de l'indépendance du monde extérieur par rapport à lui a des conséquences très importantes.

L'enfant devient alors capable d'interagir avec ce qui se trouve en dehors de lui et il commence à s'attacher à des personnes et à des objets.

Si tout se passe normalement, l'enfant en vient graduellement à partager son amour entre lui-même et les êtres extérieurs à lui.

On appelle « narcissisme secondaire » cet amour de soi qui se développe après la découverte du monde extérieur. L'être équilibré sait qu'il existe et qu'il a de la valeur. Il réalise que les autres existent aussi et qu'ils ont également de la valeur. Ce qui devrait être si simple et naturel est souvent la plus grande source de déséquilibre chez l'être humain.

On a presque toujours l'impression d'avoir affaire à des gens qui s'aiment trop, au détriment des autres, des êtres narcissiques comme dans le mythe de Narcisse, ou encore à des personnes qui semblent laisser toute la place aux autres, au point de s'oublier.

Pourtant, en réalité, il est impossible de trop s'aimer. Les êtres au narcissisme maladif sont, en vérité, des gens qui doutent de leur propre valeur, qui, comme Narcisse, cherchent la beauté absolue dans le reflet de leur image plutôt que dans leur être profond.

La personne qui s'aime vraiment, authentiquement, profondément, qui est convaincue de sa propre valeur, ne recherche pas, lorsqu'elle entre en relation avec autrui, les compliments ou le pouvoir. Elle prend tout simplement sa place, celle qui lui revient, comme le morceau d'un casse-tête. Elle est capable, sans aucun problème, de laisser aux autres leur place et de les apprécier pour ce qu'ils sont.

Comment peut-on parvenir à cet équilibre, réussir à s'aimer soi-même et à aimer les autres, en toute sérénité ? Pourquoi si peu de gens ont un « narcissisme solide » ?

Le sentiment de sa valeur et la capacité de s'aimer ne sont pas, chez l'être humain, des facultés innées. Elles doivent se construire. Or, un enfant ne les construit jamais seul, mais toujours à travers sa relation avec les autres, tout particulièrement avec ses parents qui sont généralement les « autres » les plus proches de lui et les plus essentiels à sa survie.

Que faut-il pour qu'un enfant puisse réaliser qu'il vaut quelque chose ? Il faut tout simplement qu'il soit convaincu d'avoir de la valeur pour ses parents. Pour cela, certaines conditions de base doivent être respectées. Il faut d'abord qu'il sente que, pour ses parents, il compte. Il doit être convaincu qu'il fait partie des éléments essentiels de leur vie, et les belles paroles sont loin de suffire pour que l'enfant acquière cette certitude. Il est comme un détecteur de foutaise qui ne se laissera jamais convaincre par autre chose que ce qu'il ressent. Seule la certitude que son existence est essentielle à leur bonheur peut apporter à l'enfant le sentiment indéniable de compter pour ses parents.

Être important pour ses parents est la base, mais cela ne suffit pas. L'enfant doit sentir qu'il compte pour ce qu'il a d'unique, de particulier, de différent. Il doit être reconnu et valorisé dans ses particularités, ses différences, comme être distinct de ses frères et sœurs. Il doit sentir qu'il a sa place à lui et qu'elle est sacrée. Il faut aussi que les parents reconnaissent que la personnalité unique de l'enfant est précieuse, un cadeau pour le monde. Encore une fois, il ne suffit pas de dire à un enfant qu'il est merveilleux pour qu'il en soit convaincu. Il faut l'aimer et le respecter tel qu'il est dans son corps de garçon ou de fille, dans son être, dans ses désirs et ses paroles. Un enfant à qui l'on n'explique rien et dont les désirs et les opinions ne sont jamais pris au sérieux ne peut pas croire qu'il a de la valeur…

Il faut aussi mentionner l'importance de l'exemple donné par les parents. On a beau aimer, apprécier et respecter son enfant, l'estime et le degré de respect que les parents ont d'eux-mêmes sont fondamentaux dans la construction d'un narcissisme sain. Il est difficile de penser que l'on est un enfant digne d'amour si l'on a des parents qui se dévalorisent continuellement et qui ne se respectent pas. Les enfants apprennent toujours d'abord par l'exemple.

Finalement, surtout à une époque où les enfants doivent affronter de plus en plus jeunes le monde extérieur, il ne faut pas oublier de tenir compte de l'influence exercée par les éducateurs, professeurs et autres personnes en position d'autorité pendant la petite enfance. Lorsqu'un enfant d'un an ou deux passe trois quarts de son temps de veille dans une garderie, les personnes qu'il y côtoie peuvent avoir sur lui une influence aussi grande que ses parents. Les premières années d'école et l'adaptation à un milieu d'apprentissage où l'enfant doit souvent affronter l'échec sont également d'une importance capitale.

Cette description de la construction du narcissisme nous permet de réaliser que ses racines sont très profondes. Le narcissisme est, pour tous les humains, la fondation sur laquelle se bâtit notre personnalité et la pierre sur laquelle viendront se graver toutes les blessures de l'ego et les humiliations subies par la suite. Si cette pierre est dure comme le granit, ces graffitis de l'âme ne seront que superficiels et s'effaceront rapidement. Par contre, si cette pierre est poreuse comme du calcaire, ils seront profonds et y resteront gravés des années, peut-être toujours.

Trop d'enfants doivent apprendre très tôt à faire le choix entre écouter leurs sensations et leurs impressions afin d'exprimer leur personnalité avec leurs goûts et leurs envies, ou réprimer leurs aspirations profondes pour protéger la sécurité de leur relation avec leurs parents et les adultes dont ils dépendent. Ils comprennent rapidement qu'ils ont intérêt à se taire et à faire semblant, pour protéger la sécurité d'une relation affective essentielle pour eux. Ils se construiront alors une identité qui sera moins déterminée par leurs désirs et besoins personnels que par l'envie d'obtenir coûte que coûte l'approbation, la reconnaissance. Ils deviendront excessivement dépendants d'autrui et du regard porté sur eux par l'adulte, pour s'autoévaluer et se construire une image d'eux-mêmes.

c) La honte dans l'éducation

Pour de nombreux éducateurs, l'humiliation représente un outil pédagogique non négligeable, qu'ils utilisent sans réaliser les conséquences dévastatrices que cela a sur un ego fragile, en construction. Il faut comprendre que pendant des siècles, l'humiliation a été perçue comme une méthode efficace pour encourager la modestie et stimuler le désir de dépassement.

Le clergé y avait recours pour tenter de préserver les fidèles du péché d'orgueil et pour bien leur faire comprendre qu'ils ne pouvaient aspirer à devenir l'égal de Dieu.

De même, la honte du corps est encore souvent confondue avec une saine pudeur. « Cache-toi, voyons, on ne montre pas ça à tout le monde ! » Bien rares sont les parents qui pourront éviter de ressentir de la gêne si leur enfant montre ses fesses ou joue avec son pénis devant les invités. Encore aujourd'hui, même les parents les plus ouverts communiquent à leurs enfants, souvent malgré eux, la notion que les parties intimes du corps doivent être cachées, non pas parce qu'il s'agit de trésors précieux, mais parce qu'elles représentent quelque chose de honteux.

Pendant l'enfance, l'être humain a particulièrement besoin d'être remarqué et encouragé plutôt que jugé. Cependant, nous sommes nombreux à avoir subi le poids des jugements dévalorisants de la part d'adultes qui n'avaient pas, eux-mêmes, appris à s'aimer.

Les enfants qui ont été systématiquement dévalorisés et humiliés, qui se sont trouvés trop souvent exposés aux sarcasmes, vivent dans la terreur d'être rejetés, désapprouvés ou rabaissés. Chez ces enfants, l'amour-propre s'est trouvé grandement compromis, faute d'avoir été nourri par l'amour de leurs proches. Bien incapables de comprendre que ce sont les propres carences des adultes qui les rendent incompétents à les aimer, ils s'imaginent qu'ils ont mal agi, qu'ils sont repoussants, qu'ils méritent le rejet. Ils ont également appris à rejeter les parties d'eux-mêmes qui leur causaient des ennuis avec les figures d'autorité. Ils n'ont pas été préparés à relever les défis de la vie, en recevant l'amour et l'attention dont ils avaient besoin.

L'enfant qui est ainsi puni et humilié parce qu'il s'exprime devant les invités d'une manière qui déplaît à ses parents, apprendra à se dissocier de la partie de lui qui s'exprime avec spontanéité. Pour lui, la spontanéité deviendra un gros défaut à cacher au plus profond de lui.

L'enfant à qui l'on dit : « Tu devrais avoir honte », parce qu'il s'empare du nouveau jouet de son frère, apprendra à nier et à refouler cette tendance pourtant toute naturelle à vouloir pour lui un objet attirant. Ce sont ainsi des pulsions, des envies, des réactions bien saines et normales qui ont été de cette façon, mises à l'index en nous.

Il faut toutefois éviter d'en mettre trop sur les épaules des parents. Comme je le disais précédemment, ils sont loin d'être les seuls à contribuer à la construction et, éventuellement, à la destruction du narcissisme des enfants. Toute la société, et plus particulièrement le milieu scolaire, peut avoir une influence également marquante et lourde de conséquences.

Prenons l'exemple de Simon, un enfant au départ ouvert et spontané, comme tous les enfants. Simon aimait bien attirer l'attention en faisant le pitre. Ses parents et éducateurs le laissaient librement exprimer ses opinions et faire des suggestions d'activités à la maison et à la garderie. Ils n'avaient pas recours à la honte comme outil pédagogique. Ils savaient bien lui faire comprendre que faire des erreurs est humain et que prendre des risques est nécessaire si l'on veut grandir.

Simon avait donc au départ un narcissisme sain et il n'avait pas de problèmes particuliers avec la honte et la peur de l'humiliation. Simon avait en fait un peu trop d'assurance, aux yeux de son professeur de première année, un nouvel enseignement qui, justement, manquait de confiance en lui-même...

Un jour, Simon a spontanément levé la main pour faire une intervention en classe. Il s'est complètement trompé. En fait, il avait mal compris le sujet et son commentaire n'avait aucun sens. Tout le monde, y compris le professeur, s'est mis à rire de Simon. Tout d'un coup, Simon s'est senti petit et vulnérable. Son ego s'est immédiatement mis à « paniquer » et Simon a rougi jusqu'à la racine des cheveux. Il a ressenti alors très intensément la honte, sentiment évidemment fort déplaisant, pendant que son ego cherchait vite une solution pour sortir de cet état et ne plus jamais y replonger.

Ce qu'il a vécu physiologiquement est semblable à ce qu'éprouve un animal entouré de prédateurs. Ses glandes sécrètent de l'adrénaline, du cortisol et tout ce qu'il faut pour se préparer à fuir ou à se battre.

N'oublions pas que la tâche de l'ego de Simon est d'assurer sa survie. Or, Simon ne peut pas fuir ni se battre. Il est dans une salle de classe. Fuir est bien difficile et ne ferait de toute façon qu'accroître son humiliation. Se battre (contre qui ?) est tout aussi hors de question. Simon reste donc là, assis, en attendant que les rires s'estompent et que le professeur passe à autre chose.

L'ego doit trouver une stratégie pour évacuer la tension et rétablir l'équilibre. Il ne peut se battre contre ceux qui le tournent en ridicule. Qu'à cela ne tienne ! Il se battra plutôt contre la source de l'humiliation, c'est-à-dire lui-même et sa propre imperfection. Il se tapera sur la tête, s'ordonnera de ne plus recommencer.

La fuite, il la projettera dans l'avenir. Il se jurera peut-être de ne plus se remettre dans une telle position, de plutôt se « la fermer » (sentiment d'infériorité). Ou alors, il adoptera la stratégie de « l'ego gonflable ». Il se préparera à prendre sa revanche, à se renforcer et à humilier les autres à la première occasion.

C'est ce qui donne naissance aux intimidateurs (sentiment de supériorité).

Dans le cas de Simon, comme il bénéficie d'un narcissisme solide au départ, un épisode isolé de ce genre n'aura pas de conséquences très graves. Par contre, si Simon devenait, pour une raison ou pour une autre, le souffre-douleur d'un professeur qui s'amuserait à l'humilier à chacune de ses interventions spontanées, il risquerait de se former en lui une blessure narcissique qui pourrait, par exemple, le marquer au point de l'empêcher de s'exprimer librement en public. Si, par contre, le même professeur s'en prenait à un enfant qui n'avait pas bénéficié d'une base solide, ces humiliations pourraient avoir des conséquences beaucoup plus grandes sur l'ensemble de sa personnalité.

Ce genre de situation arrive à tout le monde régulièrement au cours d'une vie. L'humiliation ne se manifeste pas toujours de la même façon. Les gens ne rient pas nécessairement de nos âneries de manière franche. Parfois, ils se contentent de lever les yeux au ciel ou de soupirer d'un air entendu.

Évidemment, il faut plus d'un incident de ce genre pour transformer quelqu'un en être effacé et rongé par la honte ou en fier-à-bras qui intimide son entourage. Comme on l'a déjà vu, c'est la répétition de telles situations, où la personne humiliée se sent comme une victime à la merci de prédateurs qu'elle ne peut ni fuir ni combattre, qui conditionne l'ego à mettre en place toutes ces stratégies de protection. Or, on le sait déjà, le meilleur moyen qu'il trouve pour éviter la blessure de l'humiliation est de cacher ce qu'il croit en être la source derrière un masque de plus en plus épais.

Poussée à l'extrême, une telle stratégie signifie qu'une personne peut en arriver à ne plus jamais exprimer ce qu'elle est vraiment. Elle garde son trésor enfermé à double tour au fond d'elle-même, s'assurant ainsi que personne ne pourra la tourner en ridicule. Comme l'avare qui cache son or pour ne pas se le faire voler et qui vit dans la pauvreté, elle n'en tire aucun plaisir, aucun bénéfice et elle risque même, ultimement, d'en perdre la clé d'accès.

Si vous ressentez le besoin de poursuivre la lecture de ce livre, il est probable que vous n'ayez pas reçu le soutien et les encouragements nécessaires à la construction d'un ego en santé. La honte envahissante est la manifestation d'une blessure narcissique profonde.

Les questions suivantes vous aideront à cerner les éléments pouvant vous aider à y voir plus clair :

- De quelle manière vos parents et éducateurs s'adressaient-ils à vous ? Avec respect ou dérision[3] ?
- Vos parents et éducateurs utilisaient-ils la honte pour vous pousser à vous améliorer ?
- Dans quelle mesure vos parents et éducateurs vous permettaient-ils d'exprimer vos opinions sans risquer la réprimande ou le sarcasme[3] ?
- Receviez-vous des compliments pour vos réussites ou seulement des critiques pour vos échecs[3] ? Étiez-vous assez souvent encouragé ?
- Étiez-vous encouragé à penser de manière indépendante[3] ou vous culpabilisiez-vous lorsque vous ne pensiez pas comme eux ?

- Vous invitaient-ils à réfléchir ou bien employaient-ils l'argument qui met fin à toute discussion : « Fais-le parce que je te le dis[3] » ?
- Aviez-vous l'impression d'être un fardeau[3] pour votre famille ?
- Sentiez-vous vos parents indifférents à votre égard ?
- Aviez-vous le sentiment d'être responsable de l'un ou l'autre de vos parents[3] ?
- Essayaient-ils de vous inspirer la crainte du monde et des autres gens[3] ?
- Aviez-vous le sentiment d'avoir le contrôle de votre vie ?
- Valorisaient-ils votre féminité ou votre masculinité[3] ?

Ruptures, congédiements, gaffes, situations de rejet par ses amis… Qu'elles soient petites ou grandes, les atteintes au narcissisme font partie de la vie. Toutefois, lorsque notre relation avec nos parents et éducateurs nous a permis d'acquérir la conscience de notre propre valeur, nous pouvons relativiser les échecs : même douloureux, ils ne sont pas destructeurs.

Par contre, si la fondation de notre personnalité est chancelante, si nos parents et éducateurs n'ont fait que nous rabaisser et nous faire sentir inadéquats, alors chaque échec vient renforcer le sentiment que nous sommes défectueux, indignes, imparfaits et fera monter en nous ce fameux sentiment de honte qui paralyse.

Chaque fois, nous nous jurons que c'est la dernière. Nous rajoutons une couche à notre masque et nous tentons d'adapter notre comportement à ce que nous croyons que l'on attend de nous. La peur maladive de l'humiliation nous pousse à sélectionner les parties de nous en fonction de leur acceptabilité sociale, telle que nous la percevons. La guerre intérieure fait rage, entre notre ego blessé et toutes les parties de nous refoulées qui ne cherchent qu'à s'exprimer.

d) La honte contagieuse (comment la famille, l'école et la société enseignent la honte par l'exemple)

La honte et la peur du ridicule sont des « maladies » contagieuses. Dans l'histoire, la honte a été confondue avec la modestie, la pudeur, la discrétion.

Nous avons déjà vu que nous apprenons et intégrons la honte par le peu de valeur et d'importance que nous accorde autrui. La honte et la peur du ridicule s'apprennent également beaucoup par l'exemple. Même avec des parents aimants et qui savent valoriser et construire son ego, l'enfant peut apprendre la honte uniquement en observant ce qui provoque chez son entourage des réactions de gêne et de camouflage.

Les éducateurs font souvent appel à la honte, sans même s'en rendre compte. Il suffit de jeter un regard lourd de reproches à un enfant qui se comporte mal pour que toute la classe comprenne que cette attitude est inacceptable. Pour un élève qui chahute, il y en a vingt qui ont honte d'avoir parfois envie de le faire.

À la maison, l'enfant voit ses parents cacher non seulement leur corps, mais aussi leurs défauts, leurs péchés. Ils minimisent également souvent leurs qualités afin de ne pas mettre les autres mal à l'aise. Ils cachent leur salaire et leur situation financière.

La plupart des gens qui nous entourent gardent pour eux leurs plus grands rêves et leurs plus hautes aspirations. Ils craignent qu'on les ridiculise, qu'on les humilie de voir trop grand, qu'on les accuse de « pelleter des nuages ».

L'enfant qui ressent bien que ses parents se contentent d'une petite vie toute tracée d'avance, afin d'éviter à tout prix de faire des vagues et de « sortir du moule », ne pourra faire autrement que de craindre lui-même de s'exposer à la critique et au ridicule. Lorsqu'il constate que, dans son entourage, tout le monde semble aspirer à la même chose : un boulot stable et payant, une maison confortable, une voiture ou deux, un enfant ou deux, il se jugera automatiquement anormal et ressentira de la honte s'il rêve plutôt d'une vie de bohème sans attaches.

Tous les commentaires et toutes les remarques désobligeantes entendus à droite et à gauche au sujet des gens dont le mode de vie ne cadre pas bien avec la norme de la société dans laquelle ils vivent, nous apprennent qu'il est risqué de trop nous démarquer. Il n'est même pas nécessaire que l'on nous explique que la conformité est la voie à suivre si nous souhaitons nous tailler une place au soleil.

De plus, la plupart des peuples transportent une honte « historique ». Il suffit de discuter avec des Allemands pour se rendre compte que pour bon nombre d'entre eux, le stigmate du nazisme est encore bien présent. Bien rares sont les Allemands qui oseront faire les blagues à connotation raciste que nous faisons sans même y penser. Les Rwandais des deux ethnies portent la honte de ce qui a été commis dans leur pays. Le désir encore bien présent de blâmer l'autre découle directement de la honte des agissements de son propre camp. Bien des peuples souffrent de l'impérialisme et du colonialisme pratiqués par leur gouvernement des siècles auparavant.

C'est fascinant d'observer les différentes stratégies utilisées par chacun pour compenser cette honte. Au Canada, particulièrement au Québec, la culpabilité engendrée par la honte de la manière dont nous avons traité les autochtones, nous rend bien plus conciliants à leur égard que nos voisins américains. Ceux-ci ont tendance, au contraire, à réagir à la honte par l'arrogance à l'égard des peuples qu'ils ont opprimés.

Ce sont évidemment des généralisations, mais on doit retenir que l'individu apprend de mille manières qu'il doit avoir honte de quelque chose. Il trouve mille autres manières de compenser cette honte. Que ce soit en jouant à la victime, en faisant le tapis ou au contraire en se comportant en matamore, le but demeure toujours le même : éviter de ressentir la souffrance aiguë engendrée par la honte et le sentiment d'humiliation.

e) La recherche de la conformité

Dès son origine, la vie tourne autour de la recherche de l'identité et de l'appartenance. La société nous impose des règles qui ne favorisent pas le développement de l'estime personnelle. On nous enseigne que, pour trouver notre place, il vaut mieux nous conformer sans faire trop de vagues. À la garderie, à l'école et dans les activités où les enfants apprennent la vie en société, les bons moutons obéissants sont plus valorisés que les têtes fortes. Dans ce contexte, l'être qui, au départ, n'a pas reçu l'amour et le soutien nécessaires à la construction d'un narcissisme sain et d'un « moi » solide recherche toute sa vie la conformité, l'appartenance au groupe. Il se plie aux dictats sociaux et culturels. Comme la honte en fait partie, il l'intègre automatiquement.

Lorsque j'ai finalement réussi à me faire des amis, au début de mon secondaire, c'est parce que j'avais appris ce qui était acceptable et recherché dans le groupe de personnes que je convoitais, les filles plus « populaires » de ma classe.

Ces camarades s'intéressaient aux acteurs, aux séries américaines de la télé, à la mode, à la musique populaire. J'ai commencé aussi à m'y intéresser. Moi qui, avant cela, dévorais des bouquins de vulgarisation scientifique et d'ésotérisme, je me suis mise à lire les romans à l'eau de rose que mes copines s'arrachaient.

À force de m'intéresser à toutes ces choses, j'en suis venue à y trouver un attrait réel. En fait, on peut s'intéresser à n'importe quoi si l'on y met suffisamment d'énergie. Combien de personnes finissent par adopter la passion de la personne avec qui elles partagent leur vie ? Tout sujet auquel nous nous attardons avec un minimum de bonne volonté finit par nous captiver. Le problème n'est évidemment pas de découvrir de nouveaux champs d'intérêt. Le problème est que nous en venons à oublier qui nous sommes vraiment. Encore plus grave, nous pouvons même en arriver à renier ce qui, fondamentalement, fait vibrer notre âme.

Toute personne qui a subi de graves blessures narcissiques et qui redoute plus que tout la moquerie des autres finit par tout évaluer non pas en fonction de ses penchants véritables, mais plutôt selon ce qui est bien vu dans ce monde auquel elle souhaite plus que tout appartenir. Elle en arrive éventuellement à n'aimer que ce qui est jugé valable par ce groupe, à désirer ce qui est jugé désirable et à accepter ce qui est acceptable.

Ce que l'on accueille ou rejette varie évidemment selon le groupe d'appartenance, mais le but fondamental est toujours d'éviter ce qui est associé au ridicule. L'ego blessé cherche à tout prix à empêcher que l'on rie de lui. Les enfants qui ont déjà fait rire d'eux parce qu'ils étaient joufflus deviendront des adultes obsédés par leur poids. Comme ils associent l'embonpoint à l'humiliation, ils auront tendance à s'entourer de gens champions de la minceur.

C'est important de réaliser que nous attirons toujours des personnes et des situations qui viennent renforcer nos croyances. Lorsque nous sommes convaincus, par exemple, qu'il faut être minces pour être acceptés et éviter la raillerie, nous remarquons inévitablement les manifestations qui viennent appuyer cette croyance. Le gros complexé qui se fait ridiculiser retiendra notre attention, alors que celui qui est épanoui et bien dans sa peau échappera complètement à notre radar. Nous nous entourerons de gens qui sont tous plus ou moins obsédés par leur poids et qui voient le moindre kilo en trop comme une calamité.

Les croyances et tabous que nous transportons étant adultes sont souvent les mêmes que durant notre enfance. En observant ce qui se passe autour de nous, tant ce que notre entourage nous fait subir que ce qu'il se fait subir à lui-même, nous adoptons des croyances qui font dorénavant partie de notre programme inconscient.

Par exemple, ma mère avait une phobie maladive d'engraisser. Elle était obsédée par sa propre minceur au point de faire un régime pendant sa grossesse. Comme tous les anorexiques, elle se trouvait grosse alors qu'elle était mince et même maigre. Elle passait sans cesse des commentaires sur les personnes enveloppées. Comme j'étais moi-même une enfant assez dodue, elle ne ratait pas une occasion de m'humilier au sujet de mon apparence, dans le but de me motiver à maigrir. Pour éviter cette souffrance insoutenable, j'ai donc adopté cette obsession qui m'a suivie par la suite, alors même que j'avais rejeté bien des valeurs maternelles. J'ai commencé l'école avec cette croyance. Mes complexes au sujet de mes rondeurs ont, évidemment, attiré les railleries de mes camarades. Je souffrais énormément, encore une fois, de cette humiliation. J'avais honte de mon corps et je le détestais de me causer autant de souffrance.

Ensuite, devenue enfin « populaire », dans mon école de filles bon chic, bon genre, j'ai compris la recette pour me sentir aimée et respectée. Régimes et privations succédaient aux épisodes de débordements boulimiques, mais je parvenais à garder le cap, au prix d'une grande violence par rapport à moi-même et à ma nature.

Encore une fois, la recette est la même. Une partie de soi, mal aimée, est source d'humiliation. On la nie, on la rejette, on l'isole et elle tente de se rebeller ; chaque fois qu'elle y arrive, nouvelle humiliation. Cette partie de soi est comme un enfant à qui l'on imposerait constamment un comportement d'ange allant totalement à l'encontre de sa nature turbulente. C'est inévitable qu'un jour ou l'autre, devant les invités, cet enfant exprime ce qu'il est vraiment et fasse subir à ses parents une crise très embarrassante.

f) Je ne suis pas normale… Connaissez-vous des gens normaux ?

> « Ce n'est pas un gage de bonne santé que d'être bien intégré dans une société profondément malade. »
> — Krishnamurti

Je fais des choses que je ne considère pas comme « normales ». Et vous ? Par exemple, lorsque je mange une pomme, je la mange au complet, y compris le cœur et la queue. Lorsque j'étais jeune, je me souviens que l'on m'a souvent fait des remarques à ce sujet : « Toi, c'est bizarre comment tu manges une pomme. » C'est totalement anodin. Cela ne m'a jamais causé d'ennui ni de rejet, mais ces remarques m'ont poussée à observer comment les gens « normaux » mangent une pomme et à faire un crochet inconscient dans ma colonne « pas normale ».

Il y a dans la vie de chacun de nous plusieurs éléments du même type, des habitudes et des comportements « anormaux », c'est-à-dire différents de ceux qu'affichent la plupart des gens en public, à la télé ou dans les films. L'accumulation de ces singularités fait que nous en arrivons à nous juger étranges, bizarres, c'est-à-dire pas comme tout le monde. Le plus ironique, c'est que personne, ou presque, n'y échappe !

Or, et c'est particulièrement vrai pendant l'enfance, nous aspirons tous à être comme les autres. C'est propre à notre atavisme animal. Après tout, il subsiste, dans nos gènes, des relents de la bête qui craint par-dessus tout d'être exclue du troupeau, car l'exclusion signifie à coup sûr la mort.

Il suffit d'observer les animaux sauvages pour constater comment ils traitent les sujets « anormaux ». Cependant, alors que les membres d'une même espèce animale sont tous fondamentalement identiques dans leurs habitudes et comportements, les humains sont, quant à eux, fort différents. Chacun d'entre nous est une œuvre unique, exclusive.

En vérité, la normalité n'existe pas. Le monde est peuplé de gens qui ne se sentent pas normaux et qui s'efforcent de le cacher. Tous, autant que nous sommes, avons l'intime conviction de ne pas être totalement normaux. Je vous mets au défi de trouver une personne qui peut affirmer être parfaitement normale et ne jamais se sentir « pas comme tout le monde ». Si vous pouvez en trouver une, les chances sont très grandes qu'elle soit internée !

Il est également intéressant de constater que la plupart d'entre nous avons des côtés parfaitement normaux que nous cachons parce que nous les croyons anormaux. La société en général véhicule la notion que certains comportements, certains champs d'intérêt sont anormaux, alors qu'ils sont partagés par la très grande majorité des gens. Heureusement, grâce à Internet, il est maintenant facile de vérifier que, par exemple, la plupart des gens sont réconfortés par leurs propres odeurs corporelles, contrairement à celles des autres qui les dérangent. Cela est tout à fait normal et découle de nos origines. En effet, chez l'animal, l'odeur de ses propres déjections est rassurante, puisqu'elle marque son territoire. D'ailleurs, si les hommes n'appréciaient pas leurs odeurs, ils seraient bien moins nombreux à s'éterniser aux toilettes à lire le journal ! C'est normal, mais qui oserait l'affirmer publiquement, de peur de sembler anormal ? Quel paradoxe ! On cache comme une tare ce qui est parfaitement naturel. Puis, cela se perpétue parce que personne n'ose en parler !

Nous ne nous sentons jamais vraiment normaux parce que nul ne correspond à ces normes qui n'existent que dans notre imagination. Quand j'ai eu mon premier bébé, j'ai fait consciencieusement mes devoirs de bonne mère et j'ai lu plusieurs bouquins sur le développement de l'enfant. Dans ces ouvrages, on vous dit que le bébé fait une poussée de croissance à trois jours et une autre à trois semaines, qu'il doit faire un certain nombre de pipis et de cacas par jour, doubler son poids de naissance à trois mois, etc.

J'ai été, comme bien des parents, paniquée de constater que ma fille n'était pas du tout « normale ». Elle n'a rien fait comme dans le livre ! Pourtant, je vous assure qu'elle s'est fort bien développée et qu'elle est aujourd'hui une jeune femme tout à fait fonctionnelle, bien adaptée et, somme toute, bien « normale » !

Être normal… on y revient. Aucun bébé n'est normal, c'est-à-dire conforme à la norme, pas plus qu'aucun adulte. Quelle est cette norme ? Sur quoi est-elle basée ? Un corps « normal » de femme, est-ce celui d'une actrice porno ou celui d'une mère de famille africaine ? Une vie normale, est-ce celle d'un courtier célibataire de trente ans habitant un loft au centre-ville ou celle d'un ouvrier de la construction et père de deux enfants habitant la banlieue ?

Comment se fait-il que l'on aspire tous à cette « normalité virtuelle » ? Pourquoi sacrifie-t-on ses rêves et aspirations pour paraître normal ? D'autant plus que la normalité à laquelle on aspire est rarement le reflet d'exemples que l'on a pu observer pendant l'enfance. En fait, les gens qui vous diront qu'ils ont eu une enfance normale au sein d'une famille normale sont extrêmement rares.

Au cours de nombreux ateliers et de cours auxquels j'ai assisté dans ma vie, comme participante ou animatrice, j'ai vu des centaines de personnes parler de leur famille dysfonctionnelle, de leur enfance malheureuse, de leurs parents déséquilibrés, de leurs relations tordues. On ne veut pas être comme eux, car ils ne correspondent pas à une norme souhaitable, désirable.

La normalité que l'on veut à tout prix projeter, c'est une image complètement fantaisiste vue au cinéma ou à la télé. Cette normalité n'existe absolument pas et nous sommes tous plus ou moins étranges ! C'est être « hors norme » qui est normal !

D'ailleurs, ces gens qu'on croit normaux et à qui on aimerait ressembler, on ne les aime généralement pas, car on ne peut absolument pas s'y identifier. Dans les films et les romans, ce sont les personnages troublés, tourmentés et compliqués qui sont intéressants. Ce sont à eux que l'on s'attache, plutôt qu'aux insignifiants à qui tout réussit.

Dans les relations interpersonnelles, c'est pareil. Avec qui a-t-on envie de passer du temps ? Ce sont la plupart du temps les personnes qui ont des vies compliquées à qui l'on s'identifie, à qui l'on a envie de se confier.

C'est quand même étonnant de constater que nous aspirons à être comme des gens que nous n'aimons pas et que nous ne voulons pas être comme ceux qui nous attirent, car ils ne correspondent pas à notre image d'une normalité souhaitable, désirable.

La seule raison pour laquelle nous aspirons à être « normaux », c'est pour éviter d'entraîner les moqueries. Nous ne voulons pas donner prise à l'humiliation, nous ne voulons pas être tournés en ridicule. Nous avons peur du jugement des autres, mais nous avons encore plus peur du jugement que nous portons sur nous-mêmes, ce jugement impitoyable qui n'attend de nous rien de moins que l'image la plus impeccable de la perfection absolue.

On n'a qu'à étudier l'histoire pour constater que la « normalité » a toujours été un concept créé sur mesure, inventé pour assurer en fait le conformisme, la soumission. Ce qui est considéré comme acceptable et normal varie énormément selon les sociétés.

Les religions et les systèmes politiques ont toujours véhiculé des valeurs et des notions de ce qui se fait et de ce qui ne se fait pas, dans le but plus ou moins avoué d'assurer le maintien de leur pouvoir.

Aujourd'hui, dans les sociétés occidentales, la religion n'exerce évidemment plus la même emprise et on ne se gêne pas pour remettre en question le pouvoir politique. La normalité et la bienséance ne reposent plus sur les mœurs, mais elles s'appuient sur d'autres notions qui visent tout autant la cohésion sociale, le conformisme et la soumission au pouvoir. Ce pouvoir est désormais économique.

La conformité et la stabilité de la société sont assurées par les médias et la pression sociale. Pour ce faire, le principal outil du pouvoir économique est la publicité. Elle utilise toujours les méthodes de propagande mises au point par le mouvement nazi et qu'elle a énormément raffinées. On s'assure ainsi du conformisme et de l'obéissance des citoyens en créant toujours plus de besoins impossibles à combler. Si l'on veut se payer tous les biens alléchants qui sont constamment étalés, il faut bien travailler, gagner sa vie et respecter les règles établies par le monde économique.

Si vous êtes une femme de cinquante ans et que vous ne souhaitez pas vous rajeunir en vous teignant les cheveux et en vous enduisant de crèmes antirides, préparez-vous à être regardée de haut dans certains milieux. Vous ne pourrez pas travailler n'importe où. Vos possibilités seront restreintes. En exerçant cette liberté de ne pas vous conformer aux impératifs de la mode, vous vous priverez par ricochet de plusieurs privilèges.

On ne peut pas non plus être jugé « normal » et exprimer tout haut ce que l'on pense tout bas. Le *politically correct* règne et détermine ce qui se dit et ce qui ne se dit pas publiquement. Seuls les excentriques, les originaux, expriment ouvertement certaines opinions ou croyances.

La conséquence de tout cela, c'est que nous nous promenons tous avec le vague sentiment de ne pas être normaux et la peur de nous faire démasquer, ridiculiser et exclure.

Je suggère à tous de faire l'exercice de prise de conscience suivant, qui s'avère très révélateur :

- Dressez la liste de tout ce que vous trouvez étrange chez vous-même, chez vos parents, dans votre entourage et dans votre enfance (comportements, préférences, habitudes, idées).

- Décrivez comment, selon vous, vous devriez être différent pour être « normal », et racontez comment aurait dû être votre enfance pour être normale à l'époque.

- Faites ensuite la liste de tous les gens normaux que vous connaissez et qui ont une vie « normale » selon ces critères.

- Si jamais vous trouvez quelqu'un, communiquez avec lui pour vérifier si votre impression est bien conforme à la réalité, selon son point de vue.

Vous pourrez ainsi très facilement vérifier que tout ce concept de « normalité » n'est qu'une illusion que nous contribuons collectivement à entretenir, par nos efforts pour nous conformer à ces valeurs véhiculées par la culture dans laquelle nous baignons.

g) La planète est peuplée de gens souffrant d'humiliation

L'être humilié cherche, d'une part, à cacher les parties de lui qui sont la source de son humiliation et, d'autre part, à humilier les autres pour se placer en situation de domination.

Si je dresse la liste des parties de moi que je souhaite cacher, je retrouverai sans doute des points communs avec ce qui a été source d'humiliation pour bien des gens de mon époque et de ma culture : les défauts, bien sûr, et tout ce qui a fait rire les autres pendant notre enfance, avec en tête de liste tout ce que nos parents remarquaient par-dessus tout.

Étant donné qu'enfant, je faisais rire de moi parce que j'étais « grosse », j'ai développé un radar pour repérer les gros qui méritaient encore plus que moi l'humiliation à cause de leur taille. Aucun gros ne trouvait grâce à mes yeux. C'est ainsi que je me relevais : en rabaissant les autres. C'est une tactique classique qui se retrouve étalée dans les journaux tous les jours.

L'histoire du Québec est marquée par ces religieux qui dénonçaient en chaire les pécheurs de la paroisse, alors qu'ils agressaient eux-mêmes leurs servants de messe. Méfiez-vous des plus intransigeants, de ceux qui calent les autres à tort et à travers, ce sont ceux qui sont les plus humiliés au fond d'eux-mêmes.

L'être humilié cherche à humilier l'autre avec autant de cruauté qu'il est lui-même blessé. Cette escalade infernale se poursuivra tant que la blessure de chacun n'aura pas été cicatrisée.

Les exemples de cela autour de nous sont innombrables. Le peuple humilié par la suprématie militaire de son voisin se gonflera comme un chat qui a peur et attaquera souvent le premier. La minorité humiliée par l'arrogance de la majorité vengera son ego en commettant des actes dont la cruauté sera à la mesure de son humiliation. Les esclaves se rebellent contre les maîtres, les ouvriers, contre les patrons, les pauvres, contre les riches.

L'éternelle guerre de pouvoir entre les hommes et les femmes nous fournit également de nombreux exemples. Dans certaines cultures, le crime d'honneur est toléré et même encouragé. Qu'est-ce que le crime d'honneur exactement ? Qu'est-ce qui l'explique et le justifie aux yeux de certains ? Le terme lui-même le dit. Les hommes d'une famille sont en droit de battre, de persécuter et même de tuer les femmes qui portent atteinte à leur honneur, autrement dit, celles qui les humilient. Qu'est-ce que l'honneur dont on parle ici, si ce n'est la protection de son image, de sa réputation, autrement dit, de son ego ?

Les hommes de ces cultures ne tolèrent tout simplement pas qu'une femme puisse leur faire subir une humiliation qu'ils ressentent comme une blessure douloureuse et incurable.

De manière générale, les hommes et les femmes gèrent différemment l'humiliation. Dans la nature, le mâle réagit par un afflux de testostérone qui le pousse à démontrer sa force. Dans nos sociétés, il est donc susceptible de répondre à de telles situations avec une certaine violence plus ou moins contenue. Ainsi, les hommes sont plus sujets à se battre, à agresser physiquement que les femmes.

De leur côté, celles-ci réagissent plutôt par le charme, la séduction et la manipulation. Bien consciente qu'elle ne sortira probablement pas gagnante d'un combat physique et d'une démonstration de force avec un homme, la femme pourra chercher à se venger en l'humiliant à sa façon grâce à ses attributs sexuels ou à ses capacités à détecter les points faibles émotionnels de son adversaire.

On observe un peu partout le même genre de comportement. L'individu qui se croit plus fort cherche à humilier le plus faible pour se venger de l'humiliation qu'il a lui-même subie, souvent aux mains d'autres personnes. Les vieux humilient les jeunes en se servant de leur manque de pouvoir et d'expérience alors que les jeunes humilient les vieux grâce à leur vigueur et à leur force de séduction. Le beau qui souffre de honte en profitera pour humilier, devant une belle femme, celui que la nature a moins gâté. Le laid, s'il est plus intelligent, en profitera pour humilier le beau en d'autres circonstances où ses talents et habiletés seront plus pertinents. À l'école, les populaires humilient souvent les laissés pour compte alors que ceux-ci rêvent de se venger avec violence et passent parfois à l'acte. On pourrait prolonger la liste. Les intellectuels contre les manuels, les riches contre les pauvres, les grands contre les petits, etc.

Depuis la nuit des temps, les plus faibles rêvent de se venger de l'humiliation qu'ils subissent aux mains des plus forts. Le problème, c'est que l'on est toujours plus faible que quelqu'un.

Toutes les guerres, tous les conflits, toutes les exactions, tous les génocides, tous les actes de barbarie sont motivés par des blessures d'humiliation. On n'a qu'à observer autour de soi, à lire les journaux et à regarder les infos pour constater les conséquences de ce besoin insatiable de l'homme de prouver à la face du monde qu'il vaut mieux que son voisin, qu'il n'est pas la créature limitée, imparfaite et vulnérable qu'il sait bien être, au fond de lui-même.

Voulez-vous sauver le monde ? Commencez par vous guérir vous-même de cette honte, de cette peur de l'humiliation qui, lorsque multipliée par plusieurs milliards, finira par détruire la planète.

3. COMMENT LA HONTE NOUS TOUCHE ET SE MANIFESTE DANS NOTRE VIE (ce que l'on déteste chez soi, on le déteste chez l'autre, ou les mille et un visages de la honte)

Certains auteurs parlent d'une honte « positive » et normale qui serait la voix de notre conscience. Il s'agit surtout d'auteurs anglophones qui désignent d'un seul mot, *shame*, plusieurs concepts qui portent en français des noms divers : *pudeur*, *modestie*, *gêne*, *humilité*, *réserve*, *embarras*. Faire preuve de pudeur en voulant cacher son corps aux étrangers ne signifie pas que l'on en a honte. Cela signifie simplement que l'on souhaite préserver son intimité, ce qui est évidemment sain.

Lorsque je parle de honte, il ne s'agit pas de l'embarras que l'on peut ressentir lorsque l'on s'aperçoit que l'on se promène depuis un moment la braguette descendue. Je ne parle pas non plus des « sentiments » naturels de gêne éprouvés par rapport à une situation qui laisse totalement désemparé devant son incompétence ou son manque de jugement. Tout le monde fait des erreurs et des gaffes. Il est tout à fait naturel de ressentir une certaine gêne lorsque celles-ci ont des conséquences évidentes.

On peut également avoir honte de quelque chose que l'on a fait. C'est un signe que l'on doit ajuster son comportement et faire mieux à l'avenir. Cette honte est certainement normale et saine puisqu'elle est source d'humilité. Elle fait en sorte que l'on réalise être tout simplement humain, ni meilleur ni pire que les autres.

La honte maladive est bien différente. **Il s'agit non pas de la honte de ce que l'on a fait, mais plutôt de la honte de ce que l'on est.** On ne se voit pas comme un être humain normal et imparfait, mais de bonne volonté. On se voit plutôt comme un être défectueux et inadéquat, qui ne mérite ni l'indulgence ni le respect.

Je parle de situations où nous ne savons pas comment agir parce que nous sommes certains que notre être « au naturel » ne convient pas. Je parle aussi de situations où une partie de nous, que nous tentions à tout prix de cacher, s'exprime et intervient dans notre vie de manière indésirable. La partie rejetée provoque toujours l'humiliation. Elle le fait même quand les circonstances extérieures permettraient de croire que tout est sous contrôle. C'est comme si elle voulait nous humilier, et ce, juste pour attirer notre attention. Cela nous ramène encore une fois à l'analogie de l'enfant négligé ou brimé. Il fera le nécessaire pour attirer notre attention, même si c'est au prix de n'obtenir que de l'attention négative.

On peut observer cela chez toute personne qui stigmatise une partie d'elle-même. L'écolier qui se sent « idiot » et craint les moqueries à ce sujet les attirera invariablement à chaque mauvaise note, alors que pour un autre qui ne doute pas de ses capacités intellectuelles, les mêmes notes passeront totalement inaperçues.

Quand je revois aujourd'hui mes photos d'adolescente, je peux facilement constater que j'étais loin d'être grosse. À 1,71 m, pesant moins de 60 kg, je me trouvais énorme et j'étais constamment au régime. J'étais tellement convaincue d'être grosse que je me comportais en grosse, je m'habillais en grosse, je projetais une image de grosse, j'avais une énergie de grosse. C'est comme si je me promenais avec une pancarte disant: « Je suis grosse. » Résultat: tout le monde me trouvait grosse ! Objectivement, j'étais plutôt mince, mais on me surnommait « la baleine » ! Je me fais régulièrement dire par mes amis de l'époque que je suis bien plus mince aujourd'hui, alors que je pèse 10 kg de plus ! Je réalise maintenant que j'avais alors autour de moi des personnes bien plus enveloppées que moi qui n'attiraient aucunement ce genre de moqueries, car elles étaient bien dans leur peau.

Pour ne pas faire rire de soi, être humilié, on se conforme donc généralement aux dictats de ses bourreaux. On devient soi-même son propre bourreau. On se fait subir ce qui fait tant souffrir. On ne rate aucune occasion de s'insulter, de se rabaisser, de se traiter de tous les noms. C'est là le plus grand paradoxe.

Par contre, chacun connaît des personnes qui semblent, au contraire, se ficher complètement du regard des autres et adopter tous les comportements qui sont source de rejet dans leur milieu. Est-ce le signe d'êtres au narcissisme totalement sain qui se moquent éperdument de l'opinion des autres, de ce qui se fait ou ne se fait pas dans le monde ? Cela existe, mais c'est rare. Le plus souvent, on assiste plutôt à une réaction opposée de défiance. Ces personnes sont, en quelque sorte, des moutons noirs qui trouvent leur fierté dans le pied de nez qu'elles font au monde. La recherche de l'originalité à tout prix est l'envers d'une même médaille. On a recours à cette stratégie souvent parce que l'on doit se rendre à l'évidence qu'il est impossible d'adopter des comportements susceptibles d'éviter les moqueries, alors on décide de foncer, de s'assumer comme l'objet de railleries et de s'en ficher.

Cette attitude dénote tout de même un ego plus fort, moins malade, car l'être arrive ainsi à se distancer de l'appréciation des autres. Lorsqu'il se rend compte qu'il survit à la raillerie, aux tentatives d'humiliation, il en devient plus fort. Cependant, cela n'est possible que lorsque l'ego a été construit, à la base, avec un minimum de solidité, comme chez l'enfant qui a reçu de l'amour inconditionnel de ses parents.

Les personnes handicapées qui, par exemple, s'épanouissent et réussissent leur vie non pas *en dépit de* leur handicap, mais *avec* leur handicap sont l'exemple le plus édifiant de ce que l'humain peut accomplir lorsqu'il ne se laisse pas détruire par la honte d'être ce qu'il est.

Chaque jour, nous portons des sentiments de honte que nous refusons de voir. Ces hontes sont différentes pour tous, mais partent toujours de la même source : le sentiment de ne pas être comme nous devrions être. Lorsque nous en faisons le tour, il ressort clairement que ces sentiments de honte ou ces jugements sévères envers nous-mêmes tirent leur origine dans les expériences de jeunesse.

Comme je l'ai mentionné précédemment, ce sont les attitudes et comportements qui nous ont valu les plus sévères réprimandes et qui ont été à l'origine des plus grandes humiliations dans l'enfance et l'adolescence qui, à l'âge adulte, sont susceptibles de nous plonger dans la honte.

À une certaine époque, et à la suite de certains incidents, nous avons décidé qu'il ne fallait surtout pas être comme cela, que nous ne serions jamais plus « comme cela ». Ce que nous ne voulons pas être est parfois motivé par des caractéristiques ou comportements néfastes ou inappropriés que nous avons subis ou observés (alcoolisme, violence, dépendances, etc.). Cela dit, le plus souvent, ce « comme cela » que nous ne voulons plus être représente une tendance, un penchant tout à fait naturel et commun à tous les humains.

Par exemple, la plupart des gens préfèrent s'amuser plutôt que travailler. Il n'y a là rien de bien exceptionnel ! En chacun de nous se trouve une créature rebelle et indisciplinée qui nous incite à ouvrir un roman ou à entreprendre un jeu à l'ordinateur plutôt que de nous acquitter de l'une ou l'autre des nombreuses tâches qui se retrouvent sur nos longues listes de choses à faire.

Chaque fois qu'ils cèdent à ces envies récréatives, bien des gens se sentent coupables et ont honte. Pourtant, il n'y a là rien de mal, rien qui changera la face du monde !

En creusant un peu plus, on trouvera dans le vécu de ces personnes un ou plusieurs épisodes marquants au cours desquels elles ont été victimes de cette propension bien naturelle. Leurs parents les ont peut-être sévèrement punies alors qu'elles jouaient au lieu d'étudier, ou alors elles ont subi l'humiliation d'un échec cuisant alors qu'elles auraient dû travailler davantage au lieu de s'amuser. Aujourd'hui, à chaque instant de récréation qu'elles se permettent malgré leur propre interdit, elles ont honte et se cachent dans la peur d'être prises en flagrant délit ! Si quelqu'un entre dans la pièce alors qu'elles s'adonnent au plaisir interdit d'une partie de solitaire à l'ordinateur, elles se dépêchent de quitter l'écran.

Vous reconnaissez-vous ? Et là, on ne parle même pas de la honte que peuvent ressentir ceux qui fréquentent des sites pornos ou qui ont des conversations érotiques avec des inconnus.

Chacun sait que ce sont les sites à caractère sexuel qui sont les plus fréquentés sur Internet. Pourtant, vous ne connaissez personne qui le fait, n'est-ce pas ? Personne ne le crie sur les toits ! Cela signifie que presque tous ceux qui visitent ces sites le font en cachette et éprouvent de la honte. À quoi bon mentir si l'on n'a pas honte !

Au sujet de quoi mentez-vous, à vous-même ou aux autres ?

On a honte d'être en train de s'amuser au lieu de travailler. On a honte de se masturber devant un écran plutôt que de s'épanouir dans une relation. On a honte de vider un sac de croustilles au lieu de manger une pomme comme collation. Quand on s'arrête à y penser, cette honte est d'une absurdité totale. On a juste honte d'être comme tout le monde, avec des penchants paresseux, lubriques ou gloutons.

L'autre jour, on m'a montré une vidéo qui circule sur Internet et qui amuse beaucoup de gens. On peut y voir un politicien européen bien connu, assis seul à une table de restaurant, en train de se fouiller consciencieusement dans le nez. Il regarde ensuite autour de lui de tous les côtés et, certain que personne ne l'observe, il s'empresse de porter le résultat de sa cueillette à sa bouche. Le pauvre avait oublié qu'il était installé face à une fenêtre qui rendait possibles toutes les indiscrétions. Depuis, des milliers de personnes en ont fait des gorges chaudes, inconsciemment soulagées d'échapper à une telle humiliation. En effet, nous savons tous avoir dans nos placards certains squelettes certes différents, mais aussi embarrassants.

C'est pathétique de voir à quel point toutes nos faiblesses, toutes nos pulsions et tous nos travers humains sont générateurs de honte. Les sources de honte varient, mais la honte est universelle.

Ainsi, l'humiliation infligée par les parents et les éducateurs à l'égard des comportements liés aux fonctions corporelles, comme l'élimination et la sexualité, est très variable selon les époques, les cultures et les inhibitions de chacun. Dans certaines cultures, par exemple, les enfants sont exposés très tôt à la nudité des adultes et se promènent eux-mêmes sans vêtements jusqu'à un âge assez avancé. Dans de tels milieux, il est improbable de rencontrer des individus souffrant de honte maladive quant à la découverte de leur corps ou de celui des autres comme on en observe à l'époque victorienne. Par contre, ils ont très certainement des tabous que nous trouverions ridicules. La honte est universelle. Ses motifs sont aussi nombreux que les individus qui peuplent la terre.

a) La honte de son égoïsme

S'il existe un penchant naturel que manifestent tous les enfants et qui est universellement décrié dans presque toutes les cultures, c'est bien l'égoïsme. On définit l'*égoïsme* comme une « tendance à trop parler de soi-même, à trop s'attacher à soi-même ou à ne se préoccuper que de son intérêt, que de son plaisir, sans tenir compte des intérêts, des besoins des autres[4] ».

L'égoïsme est donc la pulsion à faire passer son intérêt avant celui des autres.

On peut facilement observer cet élan d'égoïsme chez les animaux. A-t-on déjà vu un chien laisser son compagnon de jeu s'approprier le bel os bien appétissant que son maître vient de déposer sur le sol ? S'il le fait, c'est uniquement par soumission, par peur de l'autre chien. Lorsque les oiseaux apportent la becquée à leurs oisillons, chacun d'entre eux a le bec grand ouvert et semble crier : « Moi ! Moi ! Moi ! » Peut-on imaginer l'un d'entre eux se fermer le bec en pointant son frère plus frêle comme pour dire : « Lui d'abord, il en a plus besoin que moi » ? Seule exception à cet égoïsme généralisé dans la nature : favoriser la survie de ses petits, parfois au détriment de la sienne. Cela dit, on ne parle pas d'altruisme, on parle d'instinct de survie, celle de l'espèce.

J'ai des nouvelles pour vous : tous les humains naissent égoïstes. Aucun enfant n'a envie de partager ses jouets ou ses parents avec un petit frère ou une petite sœur ! L'égoïsme est une pulsion de survie normale et naturelle. Pourtant, dans toutes les cultures, on nous fait savoir, parfois même très violemment, que cela n'est pas « bien » ! On apprend vite à partager devant témoin et à se cacher pour se faire plaisir. Certaines personnes en viennent même à faire passer « officiellement » les besoins des autres avant les leurs et à faire croire à tout le monde, y compris à elles-mêmes, qu'elles sont dépourvues d'égoïsme.

« Tu es un monstre d'égoïsme », me répétait souvent ma mère. Pour elle, être davantage intéressé par ses propres besoins était une tare inacceptable. Pourtant, rétrospectivement, je constate que sa grande générosité n'avait pour but que de se faire accepter, de justifier son existence et de s'assurer la loyauté d'autrui.

Je ne dis pas que l'humain est incapable de générosité. Je dis tout simplement qu'au bout du compte, l'humain fait tout ce qu'il fait, y compris les actes de générosité, pour lui-même. Nous sommes généreux parce que cela nous fait nous sentir bien !

L'enfant partage ses biscuits au pire par peur, au mieux pour se faire un ami, parce qu'il a encore plus de plaisir à manger un biscuit en s'amusant avec quelqu'un plutôt qu'à en manger deux tout seul. Le rôle de l'éducateur est de lui faire découvrir que le partage est source de plaisir bien plus grand que la cupidité !

Les actes totalement désintéressés n'existent pas. Des chercheurs ont d'ailleurs découvert que le cerveau produit les mêmes substances chimiques engendrant le plaisir lorsque l'on donne et lorsque l'on reçoit[5]. Faire plaisir à l'autre nous procure du plaisir à nous aussi. C'est pour cela que nous le faisons.

Toute la notion judéo-chrétienne de sacrifice est une aberration. Selon cette logique, il faudrait souffrir pour tirer un mérite quelconque de ses bonnes actions. Or, c'est faux. C'est précisément parce que l'on peut en tirer du plaisir que l'on aura envie de recommencer à faire preuve de générosité. L'altruisme n'est absolument pas quelque chose de naturel, d'inné, de « normal ». C'est une qualité acquise au fil des interactions avec autrui et que l'on cultive pour les bénéfices qu'elle apporte.

D'où vient alors cette honte de penser à nous et de nous faire plaisir que nous sommes si nombreux à éprouver ? Elle vient, bien sûr, largement de l'éducation et de l'humiliation subie toutes les fois où nous nous sommes spontanément comportés de manière à servir nos propres intérêts pendant notre enfance. Cette honte ressentie devant notre égoïsme naturel est bien lourde à porter et elle est sans cesse renouvelée !

On aura honte cent fois par jour si l'on a honte chaque fois que l'on a envie d'écouter son émission de télé préférée plutôt que celle de la personne avec qui l'on partage sa vie. On aura honte lorsque l'on enfilera, sans le dire à personne, le dernier chocolat de la boîte. On aura honte lorsque l'on décidera de ne pas répondre à l'appel téléphonique d'une amie un peu trop envahissante. Le pire, c'est que, même si l'on répond, finalement, on aura tout de même un peu honte d'avoir eu envie de ne pas répondre.

Voici un autre exercice de prise de conscience très révélateur :

- Déterminez cinq situations où vous avez récemment eu envie de vous faire plaisir et qui ont provoqué en vous un sentiment de gêne, de honte (que vous le fassiez ou non), par exemple relaxer avec un bon livre alors que le ménage n'est pas fait, vous payer un petit plaisir alors que vos enfants ont besoin de nouveaux vêtements pour l'école, refuser l'invitation d'un collègue déprimé parce que vous préférez vous reposer, manger un dessert alors que vous jugez votre silhouette trop enveloppée, etc. Un indice ? Vous avez honte lorsque vous vous cachez, lorsque vous mentez, lorsque vous ne voulez pas que les gens le sachent.

Ce qui est très frappant, c'est que les comportements que nous nous refusons ou que nous adoptons en cachette n'ont pas besoin d'être bien graves pour déclencher la honte et le rejet d'une partie de nous-mêmes. Cette honte-là fait que nous nous privons de prendre soin de nous-mêmes ou que nous culpabilisons de le faire. Cette honte-là nous tue également à petit feu, en étouffant notre spontanéité et en nous transformant en personne qui cherche sans cesse à plaire aux autres plutôt qu'à respecter ses propres besoins. Au bout du compte, cette honte peut nous transformer en personne acariâtre qui fait payer aux autres toutes les frustrations qu'elle s'impose à elle-même.

Si la honte de l'égoïsme est presque universelle, les sentiments de honte peuvent être déclenchés par bien d'autres émotions et situations et prendre bien d'autres formes. Je vais tenter d'en décrire certains éléments déclencheurs parmi les plus courants.

b) La honte de ses limites et la honte de ce que l'on n'est pas

Mon mari et moi, nous possédons une petite ferme familiale où nous nous adonnons à l'élevage, à la culture et à une petite production de sirop d'érable.

Comme chaque année, à l'époque de la récolte de l'eau d'érable, je lui donne un coup de main dans la mesure de mes moyens. Comme chaque année, je me retrouve rapidement devant la limite de mes capacités physiques. Je ne suis pas une manuelle. Je ne suis ni athlétique, ni forte, ni résistante. J'ai les articulations fragiles et j'ai peu d'équilibre. S'il y a moyen de me retrouver étalée par terre, je ne rate pas l'occasion.

Je suis également célèbre pour mes verres renversés, mes assiettes cassées et ma maladresse dans tous les sports. Ces évidents défauts de fabrication ont alimenté ma honte durant toute mon enfance et continuent de me hanter à ce jour. À chaque occasion où je me retrouve les quatre fers en l'air, je me tape sur la tête en insistant sur ma maladresse, sur mon incompétence.

Pourtant, je suis très forte mentalement, je suis imbattable à la plupart des jeux-questionnaires, je sais jongler avec les concepts les plus complexes et je gagne ma vie grâce à mon agilité mentale, mais cela ne compte pas aux yeux de l'ego blessé. Je voudrais être aussi agile physiquement que je le suis mentalement. Mes maladresses me confrontent de manière régulière et incontournable à mes innombrables lacunes et imperfections.

Lorsque l'on n'a pas été valorisé pour ce que l'on est et que l'on a, au contraire, toujours été humilié et ridiculisé quant à ce que l'on n'est pas, on en arrive même à ressentir de la honte envers ses forces et qualités.

Le garçon qui manifeste de grandes aptitudes artistiques dans un milieu où seule la force physique est valorisée chez les individus de son sexe en viendra, non seulement à avoir honte de ses lacunes, mais aussi de ses talents, qu'il cachera comme une maladie honteuse.

Combien de génies restent ainsi ignorés à cause de la honte de manifester des talents différents de ceux de leur entourage ?

c) La honte de ses pensées, de ses penchants, de ses réactions

On a déjà abordé cette question. L'éducation fait que très souvent on développe une certaine honte par rapport à des envies ou à des penchants tout à fait naturels. La religion n'a aidé en rien en nous parlant de péchés «en pensée, par action ou par omission». Non seulement est-il péché de coucher avec quelqu'un hors du mariage, mais la seule envie de le faire a également été source de honte et de culpabilité pour des générations entières.

Pourtant, on ne contrôle absolument pas ce genre de pulsions, surtout à l'adolescence ! C'est une réaction biologique naturelle pour un jeune garçon d'avoir une érection en présence d'une jolie fille un peu dénudée. Aujourd'hui, ce genre d'envie est moins stigmatisé, sauf pour celui qui voit son corps réagir dans les douches du gymnase, en présence d'un autre garçon. La honte des penchants homosexuels est, encore aujourd'hui, la cause de nombreux suicides.

Avant qu'on l'éduque en lui inculquant que ressentir certaines envies et émotions est « mal », l'enfant exprime spontanément ce qui lui passe par la tête. Il dira : « Je te déteste ! » à celui qui le contrarie ou « tu es laide ! » à une dame trop maquillée. Il manifestera de la surprise ou de la peur à la vue d'un handicapé ou d'une personne dont la couleur de la peau est différente. De telles réactions devant une situation nouvelle ou étrange sont tout à fait normales pour un enfant. Il n'en éprouvera pas de honte tant que les adultes autour de lui ne lui communiqueront pas leur propre honte.

En présence d'une telle réaction d'enfant, souvent, tous les adultes présents sont embarrassés. Les parents ont honte et la personne visée aussi, si son narcissisme est le moindrement fragile. L'enfant qui captera cette honte, et qui sera même parfois puni d'avoir embarrassé papa ou maman, pourra par la suite porter cette honte toute sa vie.

Si l'on classe dans cette catégorie la honte de tous les désirs, de toutes les pulsions et de toutes les réactions spontanées que l'on ne « devrait pas » avoir, je suis convaincue que votre liste sera longue, comme la mienne. Qui n'a jamais souhaité de malheur à quelqu'un de désagréable ? Qui n'a jamais convoité la possession d'un autre ? Qui ne s'est jamais esclaffé en voyant quelqu'un s'étaler de tout son long dans une flaque d'eau ? On a déjà abordé la question de la honte de préférer le jeu au travail et de vouloir faire passer son propre plaisir avant l'intérêt des autres. Nul n'échappe à la honte s'il doit avoir honte des pensées qui traversent son esprit, des envies qui montent spontanément en lui et des réflexes qui échappent à sa vigilance...

d) La honte de la victime, de ses malheurs, de sa vulnérabilité, de sa naïveté

La honte de la victime est un phénomène bien connu. C'est elle qui empêche bien des femmes battues de dénoncer leur agresseur et de nombreux enfants victimes de sévices sexuels de parler. La victime a honte, comme si l'agression était sa faute, comme si elle était attribuable à sa propre faiblesse. Elle a honte de n'avoir pas su se défendre, d'avoir dit le mot de trop qui a tout déclenché. Elle a honte, parfois, d'y avoir trouvé un certain plaisir.

Quoi qu'il en soit, trop souvent la victime qui a honte ne va pas chercher l'aide dont elle a besoin. Elle se cache et présente au monde une image incohérente que personne ne comprend. D'un côté elle semble forte, en pleine possession de ses moyens, et d'un autre côté, dépendante et blessée.

La honte de la maladie représente une autre variante de la honte de la victime. Beaucoup de gens cachent leur maladie à leur entourage parce qu'ils craignent de présenter cette image de faiblesse, de vulnérabilité. C'est comme s'ils se sentaient quelque part responsables de leur malheur, comme si le seul fait qu'ils subissent une telle agression dans leur corps était inadmissible parce que trop humiliant.

Les cas de gens qui se font avoir par des arnaqueurs sans les dénoncer sont également très fréquents. Cela nuit d'ailleurs énormément au travail des enquêteurs dans de tels dossiers, car seul un petit pourcentage de victimes porte plainte et raconte sa mésaventure. On a honte d'avoir cru une offre « trop belle pour être vraie » et on ne veut surtout pas présenter cette image de vulnérabilité et de crédulité.

Cette honte s'exprime aussi souvent lorsque l'on a cru très fort en une cause, en un projet, en un idéal ou en un parti politique et que l'on a le sentiment de s'être fait avoir, d'avoir été victime de sa trop grande naïveté, confiance, ouverture.

À la maison, on observe le cercle vicieux de la honte, qui se perpétue souvent de génération en génération. Ne pouvant pas supporter de se trouver aussi vulnérable, à la merci d'un patron tyrannique, le parent humilié au travail humilie à son tour son enfant à la maison, qui se vengera en riant du « petit gros » à l'école. Pour l'être humilié de sa faiblesse, le seul remède est de trouver quelqu'un d'encore plus faible à côté de qui il pourra se sentir fort. C'est ce qui donne naissance à l'intimidateur qui sévit dans trop de cours d'école et de milieux de travail.

En fait, la victime porte souvent un masque de personne forte, qui prend soin de tout le monde afin de cacher sa propre faiblesse qui lui fait tant honte. Puisqu'il est impossible de toujours entretenir ce masque derrière lequel elle se cache, la victime craque régulièrement et laisse entrevoir son être aux besoins immenses et ignorés. Évidemment, ces moments de « faiblesse » produisent en elle encore plus de honte. La victime devient ainsi son propre bourreau impitoyable. Elle se fait subir une violence inouïe, encore plus grande que celle qu'on lui a imposée, en ce sens qu'elle brise le lien de confiance le plus sacré qui soit, celui que l'on doit avoir avec soi-même. La victime est, ultimement, toujours victime d'elle-même.

e) La honte liée à l'argent

Beaucoup de gens ont des croyances très limitatives et génératrices de honte par rapport à l'argent. Cela tient souvent à l'éducation, à des valeurs véhiculées parce que « les riches sont tous des exploiteurs », « les gens honnêtes sont tous pauvres » ou encore, comme le dit saint Mathieu dans son Évangile, « il est plus facile pour un chameau de passer par le chas d'une aiguille que pour un riche d'entrer au royaume des cieux ».

Beaucoup de personnes ont été élevées dans un contexte où le secret entourait toutes les questions d'argent : le salaire des parents, la valeur des biens, le prix d'un achat, l'importance d'un héritage. Il ne fallait pas parler de ces choses-là.

Par conséquent, on ne s'étonnera pas que tant de gens éprouvent de la honte par rapport à l'argent et soient mal à l'aise d'en avoir plus que leur entourage. Nombreux sont ceux qui ont peur de réclamer le juste prix pour leurs produits et services, qui hésitent à revendiquer un salaire qu'ils méritent pourtant. Cette tendance se manifeste fortement et de façon particulière chez les femmes, chez qui l'on a toujours traditionnellement valorisé la générosité gratuite. Les professions à majorité féminine sont d'ailleurs, encore de nos jours, chroniquement sous-payées.

La honte liée à la richesse et à la possession de biens matériels est liée à la honte de notre humanité, de notre imperfection. Comme nous sommes conscients de ne pas être parfaits, et que notre travail ne l'est pas non plus, nous sommes mal à l'aise de recevoir une compensation financière importante, comme si seule la perfection méritait rémunération.

Nous n'avons cependant qu'à regarder autour de nous pour constater qu'en fait, les salaires versés ont souvent bien peu à voir avec la valeur réelle des gens ou leur degré de perfection. Nous pouvons même nous surprendre à dire de tel ou tel sportif: « Il devrait avoir honte d'être payé autant et de si mal jouer. »

Cette honte sous-jacente liée à l'argent et à la prospérité vient automatiquement saboter les efforts de nombreuses personnes en vue de manifester l'abondance dans leur vie. Nous aurons beau nous répéter *ad nauseam* toutes les affirmations les plus inspirantes et visualiser une vie de pacha, jamais nous n'arriverons à concrétiser cette vision tant que nous associerons richesse et honte. L'ego, qui cherche avant tout à nous préserver de la honte, s'assurera par le fait même d'éloigner de nous toute forme de richesse, source de honte.

La honte et le secret liés aux questions d'argent touchent également les personnes pauvres ou victimes d'un revers de fortune. Bien des gens vivent au-dessus de leurs moyens, simplement pour que l'on ne connaisse pas leur situation financière réelle. Cette honte est en fait tout simplement celle de l'échec qui s'exprime à travers l'échec financier. Ces gens ne vont évidemment pas chercher d'aide et finissent souvent par s'isoler pour conserver leur secret.

f) La honte et le jugement des autres

L'un des plus grands déclencheurs de la honte et de la peur du ridicule est sans contredit la crainte du jugement et, particulièrement, de celui des gens que l'on souhaite impressionner.

La famille et *a fortiori* la belle-famille sont des terrains fertiles pour ce genre d'expériences. Nous ne les avons pas choisies, du moins consciemment. Ce sont souvent des gens avec qui nous n'avons pas vraiment d'affinités, que nous n'aurions pas nécessairement souhaité fréquenter si la vie ne nous les imposait pas. En plus, les dynamiques familiales sont généralement empreintes de non-dits, de conflits non résolus.

Les réunions de famille sont trop souvent le genre de guêpier où nous n'avons pas intérêt à nous trouver lorsque nous ne sommes pas au sommet de notre forme. L'ego fragilisé par la présence de certains membres aimerait se montrer sous son meilleur jour. Malheureusement, ces événements ne se produisent pas nécessairement lorsque cela nous convient. Les dates sont prédéterminées par des critères qui n'ont rien à voir avec notre état d'esprit. C'est un anniversaire ou une fête du calendrier qui justifie ces rencontres, le plus souvent.

Et voilà que la (belle) famille se pointe alors que l'hôtesse est en plein délire prémenstruel. Comment gérer cela ? Elle est fatiguée, elle se sent moche, elle frise la paranoïa, mais il ne faut surtout pas que cela se voie ! Sa crainte de l'humiliation et sa peur du ridicule la poussent à tout faire pour que la réception soit parfaite.

Alors, bien sûr, elle en fait trop aux yeux de certains et pas assez aux yeux des autres. Elle est bien loin d'être au mieux, puisqu'elle est centrée sur elle au lieu d'être à l'écoute de ses invités, dont elle se fiche pas mal, au fond. Elle veut marquer des points, c'est tout ce qui compte. Elle veut prouver à tous, à commencer par elle-même, qu'elle est « la meilleure ».

Dans ce jugement des autres, dont elle craint tant la sévérité, elle ne fait que projeter son propre jugement, le jugement qu'elle porte sur elle-même. Tant qu'elle se sent inadéquate dans ses imperfections, dans son humanité, elle attire des jugements sévères. En fait, toutes ses tentatives pour paraître forte et toujours parfaite lui donnent une image distante et hautaine, qui ne récolte pas beaucoup de sympathie sur son sort.

Les personnes qui, au contraire, savent se montrer simples et vulnérables ont bien moins de chances de se faire rabaisser. Cependant, l'ego défensif de l'être au narcissisme blessé est bien incapable de comprendre cela.

En fait, tout le monde s'en fiche, d'elle, de moi, de vous, de ce dont nous avons l'air, de notre « performance ». Chaque personne que l'on côtoie est la plupart du temps à peu près dans le même état d'esprit, centrée sur son nombril, soucieuse de l'image qu'elle projette, attentive au regard des autres uniquement dans la mesure où il est tourné vers elle-même. L'individu est toujours, dans ces circonstances, son juge le plus impitoyable.

g) La honte de sa famille, de son histoire, de ses origines

Tous les enfants ont, un jour ou l'autre, honte de leurs parents. Surtout à l'adolescence, le parent déçoit toujours, il est toujours trop ou pas assez quelque chose. Cette honte passagère est normale, mais pour certaines personnes elle est marquante, particulièrement quand le comportement de leurs parents est étrange.

La mère de Richard avait un gros problème d'alcool. Pendant toute son enfance, il hésitait à inviter des amis à la maison parce qu'il ne savait jamais comment elle allait se comporter. Souvent, tout se passait très bien et sa mère se faisait agréable et discrète. Par contre, quand il lui arrivait de boire, elle devenait collante et lui faisait honte.

C'est surtout à l'adolescence que cela s'est gâté. Elle buvait de plus en plus souvent et elle faisait du charme à ses amis. Elle s'habillait de manière provocante et leur faisait des avances sans aucune subtilité.

Le cas de Richard est assez extrême, mais la plupart d'entre nous avons déjà ressenti une certaine honte des agissements de nos parents devant nos amis. C'est comme si nos parents devenaient le prolongement de nous-mêmes, comme si leur comportement témoignait de notre propre valeur.

Il est intéressant de constater qu'encore une fois, ces critères par rapport à ce qui est acceptable socialement et à ce qui ne l'est pas varient énormément selon les époques et les cultures. Avoir des parents qui s'affichaient comme athées dans le Québec des années 40 ou 50 était sans aucun doute un facteur de marginalisation, alors qu'aujourd'hui, c'est la stricte observance religieuse qui peut provoquer les moqueries des jeunes. De même qu'autrefois, la séparation des parents était un phénomène marginal et potentiellement générateur de honte, aujourd'hui, c'est presque le contraire.

Les enfants n'aspirent qu'à se fondre dans la masse, à appartenir au groupe et à ne surtout pas se sentir à part. Ils observent la façon de vivre des autres familles et ressentent facilement de la honte par rapport à la maladie, à la marginalité ou au manque d'éducation d'un membre de leur famille. Ils peuvent aussi avoir honte de leur origine ethnique, de l'histoire de leur peuple ou de tout groupe auquel ils sont associés malgré eux. Cela peut avoir des effets dévastateurs sur le processus de socialisation de l'enfant, qui attribuera ses échecs ou sa mésadaptation sociale au fait que sa famille, son peuple ou son origine ethnique « ne lui convient pas ».

À l'adolescence, il en viendra souvent à choisir une nouvelle famille, qui ne lui fera pas honte et à laquelle il sera fier d'appartenir. C'est ainsi que le phénomène de gang prend énormément d'importance auprès des jeunes qui se cherchent une identité qui leur apportera la fierté plutôt que la honte.

La honte familiale peut aussi exister en lien avec les « secrets de famille », qui viennent pourrir le climat de nombreux foyers. Ainsi, l'enfant ressentira dès le plus jeune âge qu'on lui cache quelque chose. Il percevra très bien que ce secret est tabou pour ses proches. Souvent, il portera sur ses épaules cette honte qu'il ressent confusément sans même savoir quel en est l'objet. Il sait que sa famille cache un terrible secret que personne n'ose aborder ouvertement. Pour lui, cela ne peut qu'être très grave. Le secret de famille qui marque tant de gens est souvent lié à des histoires d'inconduite sexuelle et de naissances illégitimes. On peut facilement imaginer le bagage de honte que transportera un enfant conçu lors d'une infidélité de sa mère ou d'une agression. Cette personne pourra ressentir de la honte toute sa vie sans jamais comprendre pourquoi.

Cela fait ressortir un élément essentiel du phénomène de honte toxique. Elle est toujours rattachée au secret. Nous cachons ce qui nous fait honte. Puis, ce qui est caché nous fait honte également, même si nous en ignorons l'objet, parce que nous ressentons l'énergie trouble qui entoure tous les secrets, même ceux qui ne seront jamais dévoilés.

h) La honte de ses aspirations, de ses réussites

La honte de « voir grand » est aussi énormément liée à l'éducation. Nous sommes nombreux à avoir entendu à répétition des phrases telles que « Pour qui tu te prends ? », « Quelle tête enflée ! », « Arrête de péter plus haut que le trou ! ».

Pour la personne qui porte en elle l'intime conviction qu'elle n'est pas assez bien pour réussir parce qu'il faudrait qu'elle soit parfaite et qu'elle ne l'est pas, tous ses rêves et toutes ses aspirations sont accompagnés d'un dialogue intérieur négatif. Lorsqu'elle rêve d'entreprendre un projet ou de donner une nouvelle orientation à sa vie, cette voix intérieure la ridiculise en lui disant qu'elle se prend pour une autre, que jamais elle n'y arrivera.

Pour bien des gens, cela suffit à freiner leur élan créateur et à les empêcher d'entreprendre quoi que ce soit qui les amènerait à dépasser ces limites fixées par leur ego, qui veut à tout prix éviter le ridicule. Ne rien entreprendre apparaît comme la solution la plus sécurisante, la moins risquée.

D'autre part, certaines personnes sont moins paralysées par la peur du ridicule et foncent quand même. Elles entreprennent leurs projets en défiant leurs démons intérieurs et réussissent en dépit de la conviction profonde d'être inadéquates. Cela donne naissance à ce que l'on appelle souvent le « complexe de l'imposteur ». On a réussi, mais on en a honte parce que l'on croit ne pas mériter cette réussite. On ne peut pas vraiment savourer le succès que l'on récolte parce que l'on craint d'être démasqué. Cette réussite fait honte, car, pour la personne qui s'en croit indigne, elle représente une raison de plus de vouloir se cacher alors qu'elle est propulsée vers la lumière. L'imposteur est toujours inquiet, il appréhende constamment le jour où on s'apercevra que son succès n'est qu'une erreur. Souvent, il commettra des actes d'autosabotage pour couler son propre bateau avant que les autres ne le fassent.

On voit cela tous les jours dans les médias. C'est le genre d'événement qui réjouit la presse à sensation : un athlète à qui tout réussit qui tombe de son piédestal d'homme parfait en raison de ses nombreuses infidélités, un politicien respecté qui fait un vol à l'étalage d'un objet d'une valeur ridicule, un artiste populaire qui cause un accident alors qu'il conduit en état d'ébriété, un employé modèle qui soudain détrousse l'entreprise qui lui a fait confiance pendant des années.

Derrière chaque personne qui détruit son propre succès par des actes irréfléchis, il n'y a qu'à creuser un peu pour retrouver un être qui doute de lui-même, envahi par la honte de son succès et le désir de montrer au monde à quel point il en est indigne.

i) La honte de ses faiblesses, de ses dépendances, de ses besoins

Pour la personne qui a souffert d'humiliation alors qu'elle se sentait en position de faiblesse, présenter un masque de force et d'indépendance est un moyen de défense automatique et incontournable.

Elle voudrait n'avoir besoin de rien ni de personne, n'avoir en fait aucune faiblesse qui la rende vulnérable et qui donne prise à l'humiliation. Admettre ses besoins, accepter ses limites, devoir faire appel aux autres fait monter en elle la peur d'être humiliée encore une fois.

Les parents qui triomphaient chaque fois que leurs enfants se cassaient la figure en utilisant la phrase classique «je te l'avais bien dit» ont façonné des adultes qui veulent à tout prix avoir raison et prouver qu'ils sont capables de tout. Ces personnes «contrôlantes» qui ne savent pas déléguer sont souvent perçues comme odieuses par leur entourage. Ce dernier n'a jamais l'occasion de se montrer utile et compétent.

Quand on a été humilié lorsque l'on demandait de l'aide ou que l'on exprimait ses limites, on en vient tout naturellement à vouloir à tout prix éviter de le faire et même à tenter de se convaincre que l'on n'a tout simplement pas de limites.

La négation de ses propres besoins est un phénomène extrêmement répandu qui prend presque toujours son origine dans la honte. La superfemme qui jongle avec la carrière, la famille et la vie sociale pourra nier pendant des années ses propres besoins et oublier de s'occuper d'elle-même. De même, le carriériste qui cherche à prouver à tout le monde qu'il est le plus fort et le meilleur en tout arrivera souvent au sommet sans que son être véritable y trouve son compte.

Or, on ne peut négliger et refouler impunément ses besoins profonds pendant des années sans qu'un jour l'âme réclame son dû. C'est là que surviennent souvent des « accidents de parcours » qui peuvent paraître inexplicables, mais qui sont pourtant bien prévisibles quand on connaît le fonctionnement de l'âme humaine.

C'est pourquoi tant de personnes auront souvent à vivre au milieu de la vie des crises si graves et si profondes qu'elles ne pourront plus ignorer leurs besoins. La maladie frappera, une dépendance s'installera ou encore le démon de midi détruira l'édifice construit avec tant d'acharnement. Quoi qu'il en soit, les besoins refoulés s'exprimeront avec une telle force que la peur de la honte n'arrivera plus à les réprimer.

j) La honte de son corps

La honte liée au corps peut prendre différentes formes. Dans nos sociétés occidentales, elle s'exprime surtout par l'obsession de la minceur, que j'ai déjà abordée précédemment. Cette honte est, encore une fois, engendrée par le désir d'atteindre un idéal qui n'est à la portée que d'une infime minorité. Les mannequins et vedettes d'aujourd'hui sont minces, voire maigres, pesant environ 23 % de moins que la femme moyenne alors qu'il y a à peine 20 ans, cette différence était de 8 %[6]. Le message que l'industrie de la mode et les médias transmettent, surtout aux femmes, mais de plus en plus également aux hommes, est que notre corps n'est pas beau tel qu'il est. Nous devons continuellement nous priver et lutter contre nos formes naturelles, notre pilosité, nos odeurs corporelles, le vieillissement de notre peau, les transformations de notre corps, etc.

Toute la culture fait la promotion d'une beauté idéale que presque tout le monde trouve impossible à atteindre. D'ailleurs, si l'on en croit la presse à potins, même les mannequins-vedettes et les acteurs les plus populaires n'aiment pas leur corps tel qu'il est et évolue, puisqu'ils sont presque tous continuellement au régime, s'entraînent comme des forcenés et investissent une fortune en chirurgie plastique.

Comment nous, les personnes « ordinaires » avec des rides et des bourrelets « ordinaires », pourrions-nous apprécier notre corps au naturel et ne pas éprouver de honte par rapport à nos imperfections ? Cela devient donc un sujet de prédilection pour toute personne qui souffre de honte paralysante.

Le corps parfait que l'on aimerait avoir n'existe pas. Toutes nos tentatives pour l'atteindre sont vouées à l'échec et génératrices d'encore plus de honte. De plus, on croit souvent, à tort, que c'est plus facile pour les autres, comme si tous ces corps et visages retouchés à l'aide d'un logiciel de retouche d'image que l'on nous présente partout étaient réels, comme si tous ces vêtements conçus pour des silhouettes d'adolescentes étaient censés bien nous aller. Chaque passage devant le miroir représente pour bien des gens le déclencheur d'un dialogue intérieur destructeur.

Les personnes infertiles sont également souvent affligées de honte et prennent tous les moyens pour y remédier. Ne pas arriver à faire d'enfant est perçu comme une lacune, une imperfection, une tare que l'on doit cacher et dont on doit avoir honte.

La honte liée au corps touche également la maladie, défaut du corps par excellence, le vieillissement et ultimement la mort. L'être qui aspire à la perfection et qui a honte de son humanité fera tout pour nier que la vie est une « maladie mortelle » et que nous avançons tous inexorablement vers une issue fatale. C'est la société complète qui tente d'ailleurs de se couper de l'expérience de la mort en isolant les personnes qui s'en approchent et en écourtant les rituels du deuil qui, autrefois, prenaient énormément de place dans la vie sociale des gens. La honte de l'ange déchu qui se veut l'égal de Dieu se manifeste un peu plus chaque jour sous nos yeux.

k) La honte de la défaite, de l'erreur, de l'échec

Le sentiment d'humiliation qui nous envahit ne vient pas seulement de la honte de nos défauts, de nos caractéristiques physiques ou de nos envies jugées inadéquates en fonction de notre milieu. Il est aussi, malheureusement, suscité trop souvent par la défaite ou l'erreur.

L'enfant qui s'est fait rabaisser par ses parents au moindre échec scolaire verra la réussite à tout prix comme seul moyen d'échapper à l'humiliation. Dans la vie, non seulement il vivra la déception d'un échec dans la pleine mesure de la réalité, mais en plus il rajoutera le poids de la honte.

On nous refuse un contrat, une promotion. Certes, il est naturel d'être déçus de voir le revenu supplémentaire et le bureau plus confortable nous échapper, mais en plus, nous nous sentons humiliés comme si, encore une fois, l'un de nos parents venait de nous dire que nous ne sommes pas assez bons, en ridiculisant nos espoirs déçus. Si nous étions meilleurs, plus forts, plus performants, c'est évident que nous l'aurions eu, ce poste !

L'ironie, dans tout cela, c'est que non seulement nous avons subi l'humiliation infligée par nos parents durant toute notre enfance, mais en plus nous nous imposons le même fardeau. Nous nous tapons dessus. Nous nous humilions comme pour éviter que quelqu'un d'autre le fasse. Nous avons tellement bien intériorisé le bourreau de notre ego que nous lui faisons subir le même sort, à tout coup.

C'est ainsi que nous en arrivons à avoir peur de prendre des risques, parce que l'humiliation est au rendez-vous presque à coup sûr. Le parent bourreau a beau être mort et enterré, il vit au fond de nous et se réveille à la moindre occasion. Nos souffrances sont amplifiées, car une partie de nous ne rate pas l'occasion d'en rire, et ce, avec le petit rire qui nous tue chaque fois :

« Tu vois bien que tu es nulle. Comment as-tu pu croire…

(remplissez l'espace par ce qui colle à votre situation)

… qu'un gars pareil t'aimerait ?

… qu'un gars qui s'intéresse à toi ait de l'allure ?

… que ton livre intéresserait quelqu'un ?

… qu'un patron intelligent t'accorderait cette promotion ?

… qu'une « aubaine » pareille ne soit pas une arnaque ?

… que tu entrerais dans cette robe ?

… que tu pourrais te stationner là sans contravention ?

… que ta réception serait réussie ?

… que tu pourrais rendre ton mari, tes enfants, tes amis, tes parents heureux ?

« Comment toi, un “connard”, une laide, un nul, une grosse, un égoïste, une victime, un imposteur semblable, as-tu pu croire que tu triompherais en cette vie ? »

C'est de cela qu'il s'agit : le triomphe ! Pour l'être au narcissisme meurtri, à l'ego blessé, il n'y a que deux possibilités : triompher à tous les coups, ou subir l'humiliation et sombrer dans la honte du vaincu. Aucune place pour l'essai et l'erreur, pour les tentatives ratées, pour une « meilleure chance la prochaine fois ». Tout est blanc ou noir. Ou je suis la reine de l'univers ou je ne suis rien, à peine une crotte de chien sur le trottoir.

Chaque victoire donne naissance à l'espoir qu'enfin, on est devenu assez bon, on a atteint la perfection ultime. Chaque revers nous plonge dans les affres de notre nullité. On ne peut se sortir de ce gouffre que si l'on devient enfin parfait. Or, on ne le devient jamais, évidemment.

I) La honte de ne pas être aimé, d'être indigne

Chaque être humain aspire à l'amour. Rien de plus naturel. Cependant, cet amour n'est pas toujours payé de retour. Lorsque nous aimons à sens unique, nous ressentons cela comme un désaveu de ce que nous sommes.

La déception amoureuse, qui est inévitable dans une vie, peut être vécue comme une profonde humiliation. Lorsque cette déception commence par le rejet des parents, il est impossible de l'interpréter autrement que comme un signe de notre propre imperfection, de notre profonde inadéquation. « Qu'est-ce que je peux bien valoir, si même mes parents ne m'aiment pas ? » L'enfant n'est pas en mesure de comprendre que la capacité de ses parents à l'aimer ne dépend pas de lui, mais bien de leur propre équilibre, de leur propre état psychologique et émotionnel.

De même, lorsque nous avons accordé notre confiance et notre amitié à quelqu'un qui nous rejette ou qui nous trahit, notre colère est souvent redirigée vers nous-mêmes. Nous nous blâmons, nous nous reprochons de n'avoir pas su obtenir ou conserver la loyauté de l'être aimé. Rejeter le blâme sur la personne aimée qui nous déçoit nous place devant un drôle de paradoxe. Il est souvent plus facile de croire que l'échec ou le succès des relations dépend de nous-mêmes, la partie de l'équation sur laquelle nous avons un certain contrôle, plutôt que de l'autre, que nous ne comprenons pas et dont les motivations nous échappent complètement.

L'être équilibré, au narcissisme sain, sait que de tels événements se produisent inévitablement dans une vie et qu'en fait cela ne lui appartient pas. Nul n'a le contrôle sur les sentiments ou la loyauté d'autrui. Cependant, lorsque les échecs se multiplient, ou lorsque le narcissisme de la personne est fragile d'avance, elle en vient à se sentir indigne et elle a honte.

Et même lorsque l'on est aimé, on peut s'en sentir indigne si l'on croit qu'il faudrait avoir atteint la perfection pour mériter l'amour. Dans ce cas, cela rejoint le complexe de l'imposteur où l'on fera tout pour prouver que l'on ne mérite pas son bonheur en sabotant la relation.

m) La honte d'avoir honte !

Pour clore cette liste, qui est loin d'être exhaustive, parlons maintenant de la honte d'avoir honte ! Combien, en prenant connaissance de tous ces différents visages de la honte, ont découvert en eux de nouvelles sources de honte qu'ils ne soupçonnaient même pas ? Combien se sont sentis honteux en réalisant avoir honte d'autant de choses ? Combien ont porté des jugements sur leur propre incapacité à s'accepter comme ils sont, à assumer leurs limites et faiblesses, à accueillir leurs défauts, à apprécier leurs voisins et leur milieu, à célébrer leur corps, à aimer leur être tout entier ?

Réaliser qu'il est autant habité par la honte, que la peur du ridicule a été une motivation et un frein dans tellement de circonstances de sa vie, n'est pas facile pour l'être qui aspire à la perfection.

Pourtant, sortir de la transe du déni est la seule issue possible. Nous ne pouvons transformer que ce qui est éclairé par la lumière de notre conscience. Les conséquences de la honte dans notre vie et dans nos sociétés sont tellement lourdes que nous ne pouvons plus nous permettre de fermer les yeux.

PARTIE II – LES CONSÉQUENCES

Nous avons déjà vu que l'être humain porte en lui toutes les qualités et tous les défauts. Il peut avoir, à un moment ou à un autre, des dizaines d'envies et d'aspirations. Il vivra certainement plusieurs succès et de nombreux échecs. Or, chacune de ces caractéristiques, chacun de ces événements est susceptible d'entraîner de la honte.

Nous avons honte lorsque nous vivons des situations ou ressentons des émotions que nous jugeons illégitimes. Que ce soit le bonheur ou le malheur, la douleur ou le plaisir, le succès ou l'échec, un sentiment engendre la honte lorsque nous croyons que nous ne devrions pas l'éprouver, lorsque nous le jugeons illégitime.

La honte et la peur de l'humiliation sont d'ailleurs intrinsèquement et directement reliées à la légitimité. L'enfant illégitime a nécessairement honte de ses origines. Lorsqu'il a été conçu dans un contexte interdit par la société dans laquelle il vit, on lui cachera souvent d'où il vient. Toute son enfance, et même souvent sa vie entière, seront entourées d'une aura de mensonges qu'il n'arrivera jamais à éclaircir. Il aura honte d'exister sans même comprendre pourquoi.

De nombreuses études révèlent que bon nombre d'enfants auraient un père biologique différent de celui qui est officiellement inscrit sur leur acte de naissance. Cela signifie que bien des mères ont un doute sur l'identité réelle du père de leur enfant. On peut imaginer jusqu'à quel point porter un tel secret est lourd et ne peut faire autrement qu'influencer la manière dont celle-ci se comporte et ce qu'elle éprouve envers son enfant.

Il est important, en effet, de réaliser que tout ce qui n'est pas dit est loin d'être réellement caché. Nous croyons, à tort, que ce qui est passé sous silence n'existe pas. Il est souvent dit que « ce que l'on ne sait pas ne fait pas mal ». Pourtant, je suis persuadée qu'à un niveau intuitif, nous savons toujours la vérité. Lorsque cette vérité que nous ressentons, que nous percevons, est différente de la version officielle véhiculée par l'entourage, cela engendre inévitablement de la confusion, de l'insécurité. Un tel climat ne peut qu'entraîner la honte. Nous avons peur de ce que nous ressentons, nous avons honte de nos doutes et de ce que nous provoquons autour de nous ; nous nous sentons illégitimes toute notre vie.

Le sentiment d'illégitimité n'est pas uniquement causé par les doutes entourant nos origines ou notre conception. Nous pouvons nous sentir illégitimes parce que nous avons pris la place de quelqu'un d'autre. C'est souvent le cas d'enfants qui sont arrivés deuxième ou troisième dans une famille qui attendait un bébé d'un autre sexe. On observe cela encore plus fortement dans le cas d'enfants qui naissent après la mort d'un frère ou d'une sœur. Nous pouvons également nous sentir illégitimes lorsque nous sommes profondément différents des gens qui nous entourent, que ce soit sur le plan de notre aspect physique, de nos talents ou de nos champs d'intérêt. Aujourd'hui, bien des enfants ne sentent pas que leurs besoins sont légitimes, car ceux-ci viennent perturber la vie trop bien remplie de leurs parents.

Dans les contes et la mythologie populaire, les méchantes belles-mères font souvent sentir à l'enfant d'un précédent mariage que sa présence est indésirable et qu'il ne peut légitimement réclamer l'amour du père et les privilèges qui s'y rattachent.

J'ai traîné toute ma vie un sentiment d'illégitimité. Je n'étais pas illégitime au sens propre, car mes parents m'ont conçue au cours d'une union tout à fait officielle. Pourtant, je me sentais illégitime. Tous les privilèges dont je pouvais bénéficier me faisaient sentir comme une usurpatrice. C'est comme si je m'appropriais frauduleusement l'amour de mon père, les soins de ma mère, l'attention de tous les membres de cette famille et, plus tard, les héritages que j'ai eu la chance de recevoir.

Le sentiment d'illégitimité est plus fréquent que l'on pourrait le croire. Il s'exprime de bien des façons. Combien d'enfants croient par moment que leur père n'est pas leur vrai père et que leur mère n'est pas leur vraie mère ? Combien ont l'impression d'avoir été adoptés, enlevés, abandonnés par leurs vrais parents ? Combien grandissent avec la certitude qu'on leur cache quelque chose ? Toutes ces questions que nous nous posons produisent automatiquement de la honte et font craindre que notre secret soit révélé, nourrissant à coup sûr l'humiliation.

L'individu qui se sent illégitime, qui a honte de ce qu'il est, demeure convaincu que s'exposer au regard du monde aura comme conséquence de faire de lui la risée publique, qu'on le couvrira de ridicule. Il ne saurait concevoir que sa personne puisse attirer autre chose que le mépris et l'humiliation.

Il perçoit chacun de ses besoins comme une nouvelle zone de vulnérabilité. Il cherche à les éliminer pour ne pas offrir à l'adversaire l'occasion de lui faire mal, l'occasion de le rejeter en lui signifiant qu'il n'a pas d'affaire là.

Or, chaque être humain a des besoins, d'innombrables besoins. Cela fait partie de la condition des êtres vivants. Personne n'y échappe. Il est impossible de vivre sans besoins. Lorsque l'on est petit, on est incapable de subvenir à ses propres besoins. Chacun d'eux rend l'enfant dépendant des autres, le place devant son sentiment d'illégitimité et l'expose à l'humiliation et à la honte.

Les conséquences de la peur de l'humiliation et de son corollaire, la honte, sont nombreuses. Cette quête pour être perpétuellement rassurés sur notre propre valeur, ainsi que sur la légitimité de notre existence et de nos besoins, engendre inévitablement des liens basés sur la codépendance. Nous avons besoin des autres et nous avons besoin que les autres aient besoin de nous pour nous sentir rassurés qu'ils ne nous abandonnent pas.

Le sentiment d'échec constant, qui résulte de l'incapacité à atteindre la perfection, est également souvent à l'origine d'autres dépendances. Nous buvons, nous nous gavons, nous nous droguons ou nous jouons pour échapper au sentiment de honte, oublier ce besoin inassouvi et engourdir notre souffrance. Puis, nous nous réveillons le lendemain encore plus honteux de nos agissements.

Lorsque nous sommes habités par la honte, révéler qui nous sommes équivaut à nous promener nus dans un endroit public, comme dans cet affreux rêve que font régulièrement ceux qui doivent affronter cette problématique. Dans la plupart des cas, cependant, la honte nous empêche tout simplement de nous réaliser et d'offrir au monde le cadeau de ce que nous sommes réellement.

Cet ouvrage ne se veut évidemment pas un traité de psychologie décrivant en profondeur les nombreuses conséquences pathologiques de la honte. Il porte plutôt sur la peur du ridicule qui touche les individus fonctionnels et en apparence équilibrés. Pourtant, je trouve important de décrire plus ou moins en détail toutes les conséquences potentielles de cette honte, afin que le lecteur réalise jusqu'où cela peut aller si l'on ne fait rien pour s'en libérer.

En effet, aucune autre émotion n'a autant d'importance que la honte dans la construction de la personnalité. Aucune autre émotion n'influence autant l'estime de soi, le sens de l'identité, de la dignité et de l'honneur. Aucune autre émotion négative n'empêche autant l'être de ressentir les émotions positives. La peur du ridicule et la honte de soi sont comme un cancer qui ronge. Elles engendrent inévitablement des conséquences pouvant aller de l'isolement et de l'enfermement aux troubles de la personnalité comme les dépendances, la dépression et les comportements violents contre soi et les autres. Au départ, les conséquences ne sont pas nécessairement terribles. Pourtant, avec le temps, à mesure que la vie entraîne les humains dans toutes sortes d'expériences et d'épreuves et qu'éventuellement, leur énergie vitale diminue, les conséquences de la honte se font de plus en plus lourdes. C'est pour cela que trop de gens traversent une crise au milieu de la vie. On ne saurait étouffer impunément et indéfiniment ce que l'on est. Tôt ou tard, l'âme crie, réclame son dû.

Poussées à l'extrême, la honte et ses conséquences peuvent conduire à toucher le fond. Dans un certain sens, la déchéance totale peut être salutaire, car, rendu là, on n'a plus le choix. Ou l'on s'en sort ou l'on renonce et l'on meurt. Comme l'instinct de survie de l'humain est très fort, il choisit rarement la seconde option.

1. L'ENFERMEMENT : ON SE CACHE, ON S'ISOLE, ON SE SENT COMME UN EXTRATERRESTRE

Lorsqu'une personne a honte de ce qu'elle est, son premier réflexe est de vouloir se cacher. Plus que tout, elle tient à ce que personne ne sache jusqu'à quel point elle est illégitime, imparfaite et pitoyable. Si elle s'expose et se révèle, son imperfection sera connue de tous. Le monde entier saura à quel point elle est défectueuse. Elle doit se prémunir à tout prix contre cela.

Chacune des parties de soi dont on a honte réagit comme un animal blessé. Elle se cache dans son trou. Comme un animal, elle se comporte ainsi parce qu'elle se sent vulnérable, incapable de se protéger contre les prédateurs éventuels. En effet, l'être humain qui a peur du ridicule et de l'humiliation perçoit tous ceux qui l'entourent comme des prédateurs et il se voit comme une proie facile. Plus les parties de soi dont on a honte sont nombreuses, plus on a de raisons de se cacher du monde.

Je suis l'enfant d'une mère habitée par la honte. Toute sa vie, je l'ai vue agir de manière à montrer au monde un visage bien composé, une façade de compétence et de perfection, même si, dans l'intimité, elle se sentait étrange et malade. Alors que son perfectionnisme et son souci du détail étaient reconnus et célébrés par tous ses collaborateurs au travail, elle vivait à la maison dans un capharnaüm indescriptible. En entrant chez elle le soir, elle se précipitait pour fermer les rideaux avant d'ouvrir la lumière, de peur qu'un voisin ou un passant puisse apercevoir son désordre. Ma mère recevait le plus rarement possible des gens à la maison. De plus, rien ne l'irritait davantage que des visiteurs qui arrivaient à l'improviste. Comme bien des gens, j'ai ainsi appris très jeune qu'il ne faut pas montrer son vrai visage au monde.

Lorsque l'on se sent ainsi et que l'on observe les autres agir d'une manière qui semble satisfaite et naturelle, on a vraiment l'impression de débarquer d'une autre planète. On se sent à part. On a l'impression de ne pouvoir aucunement « faire partie de la gang » parce que l'on est trop différent. Devant ce réflexe, on peut choisir de tout simplement rester seul. De nombreuses personnes vivent leur vie en solitaire, en se convainquant qu'elles ont choisi cette situation, alors que dans le fond, elles ont tout simplement peur du jugement des autres et préfèrent ne pas s'exposer.

On peut aussi choisir de s'intégrer au groupe, mais en se cachant tout de même (c'est la solution la plus fréquente). On se cache derrière un masque très voyant, derrière un personnage que l'on n'est pas, mais qui semble plus adéquat, mieux adapté à la vie en société. De cette manière, on peut tout à fait fonctionner, sans que rien n'y paraisse, et mener une vie dans laquelle on est entouré, mais on se sent tout aussi seul et isolé.

Plus notre personnage a du succès, plus il s'insère harmonieusement dans un tissu social auquel nous sommes convaincus de ne pas légitimement appartenir, plus nous sommes bien reçus, approuvés et aimés avec notre masque, plus cela vient renforcer notre conviction d'être profondément inadéquats au naturel, porteurs d'une réalité laide, indigne, insipide.

Paradoxalement, nous avons du succès, mais nous sommes convaincus qu'en fait, ce n'est pas nous qui avons du succès. C'est quelqu'un d'autre. C'est un personnage que nous avons créé en fonction des critères qui, selon nous, sont recherchés par notre entourage.

Dans son livre *Why Good People Do Bad Things*, l'auteure Debbie Ford décrit très bien les masques que chacun porte pour cacher sa honte. On n'a qu'à regarder autour de soi et on reconnaîtra facilement de nombreux exemples de personnification de ces masques : le charmeur, l'intellectuel, l'intimidateur, le bon gars, le clown, le sauveur, le séducteur, le martyr, etc. On ne peut s'empêcher de sourire en regardant cette liste, car elle rappelle tant de gens que l'on connaît. Et vous, quel est votre masque ?

Par exemple, la personne qui a honte de son trop grand besoin des autres, de sa dépendance affective, affichera souvent une façade de personne extrêmement indépendante. La part d'elle qui justement ressent un besoin extrême d'attention et d'amour sera reléguée à l'arrière-plan, le plus possible ignorée. Elle deviendra forcément totalement isolée, coupée du monde extérieur et surtout privée de ce dont elle a le plus besoin.

Elle portera fièrement son masque d'indépendance et construira sa vie de manière à toujours le renforcer, le solidifier. Lorsque, dans un moment de « faiblesse », la partie d'elle-même qui a tant besoin des autres montrera le bout de son nez, elle ressentira une forte honte et s'empressera de remettre en vitesse son masque qui la rassure tant.

On peut voir cette partie cachée comme un enfant que l'on garderait attaché au fond d'un cachot et dont on nierait jusqu'à l'existence. Pourtant, cet enfant se trouve toujours là. Il souffre toujours. Il rêve toujours de sortir. Il est prêt à profiter du moindre moment d'inattention pour se précipiter au grand jour. Or, ses manifestations sont obligatoirement inappropriées, puisqu'elles viennent saboter tous les efforts que fait l'individu pour oublier jusqu'à son existence et pour se convaincre, ainsi que son entourage, qu'il est bel et bien le masque qu'il porte. Plus on agit ainsi, plus on se sent seul, à part, différent. Donc, plus on ressent le besoin de se cacher. C'est le cercle vicieux de l'enfermement.

On en devient en quelque sorte aliéné par rapport à soi-même. C'est comme si l'on se promenait en dehors de soi, en train de constamment s'observer et se juger. La partie de soi qui est à l'extérieur, qui regarde et qui juge, n'a jamais de contact avec les autres, exactement comme la partie de soi enfermée dans la cave. Elles sont complètement isolées ! L'aspiration naturelle de l'être humain quant à l'intimité et au contact avec autrui est complètement niée, refoulée. Les relations sont toujours insatisfaisantes parce que superficielles.

Cela engendre inévitablement une forme de dépression chronique larvée. On porte en soi la tristesse, le deuil de son « moi » authentique, ce « moi » que l'on juge déficient et honteux, tout comme le deuil d'une véritable et authentique communication avec autrui.

2. LE JUGEMENT ET L'EFFET MIROIR : CE QUE L'ON REJETTE CHEZ SOI, ON LE REJETTE CHEZ L'AUTRE

« Les hommes qui observent la nature et leurs semblables et qui se plaignent que tout est sombre et déprimant sont dans le vrai. Cependant, l'ombre qu'ils voient est le reflet de la noirceur qui se trouve dans leur propre regard et dans leur cœur. »

— Charles Dickens, *Oliver Twist*

La honte entraîne le jugement. Elle en est indissociable. Lorsque l'une de nos émotions ou l'une de nos caractéristiques nous fait honte, nous la jugeons nécessairement. Nous la condamnons automatiquement.

Le jugement de soi se reflète dans le jugement de l'autre. Lorsque l'on se juge et que l'on se rejette soi-même, on juge les autres également. Les imperfections que l'on ne saurait tolérer chez soi, on ne peut évidemment pas les tolérer chez l'autre.

C'est le cercle vicieux de la honte : on rit des autres pour compenser sa propre humiliation. Plus on le fait, plus on a peur d'être démasqué ; plus on se sent humilié, plus on humilie. Les jugements sont relatifs et on méprise toujours en autrui ce que l'on rejette chez soi, car les autres sont le miroir de soi.

Lorsque, par exemple, on se prive constamment de manger ce que l'on aime parce que l'on est obsédé par la minceur, comment faire autrement que de juger sévèrement toute personne qui se permet ce que l'on s'interdit avec autant de rigidité ? On n'aura certainement aucune pitié pour l'obèse qui s'empiffre au restaurant alors que l'on mange une petite salade verte sans vinaigrette.

Les personnes qui refoulent profondément leurs pulsions sexuelles au nom de valeurs religieuses très répressives ne peuvent faire preuve d'indulgence envers l'adolescente qui tombe enceinte ou l'homosexuel qui a contracté le sida. Ils rejettent et refoulent au plus profond d'eux-mêmes leurs propres envies et leurs propres besoins. Ils sont incapables de tolérer que d'autres personnes vivent autrement. Les malheurs qui tombent sur ces dernières sont perçus comme des châtiments divins qui viennent en quelque sorte renforcer le bien-fondé du mode de vie rigide qu'ils s'imposent.

En fait, il est très facile d'évaluer si quelqu'un est profondément en paix et en harmonie avec les choix de vie qu'il a faits pour lui-même. Il suffit de regarder comment il juge tous ceux qui ont fait des choix différents. L'être qui vit en respectant véritablement les aspirations et les valeurs de son être authentique ne se permettra jamais de juger et de condamner ceux qui ont fait des choix différents. L'intransigeance et le besoin d'avoir raison à tout prix manifestent très clairement la présence d'un combat intérieur.

Plus j'ai honte de moi, plus je veux détruire l'autre qui me ressemble. Plus la vue d'une autre personne qui exprime certaines caractéristiques, certains comportements, m'est insupportable, plus cela signifie que je les rejette en moi, que je les enfouis dans mon ombre.

Toutes les parties qui nous composent et que nous rejetons viennent inévitablement nous hanter dans le monde extérieur. Si nous sommes obsédés par quelque chose, lorsque nous sommes constamment entourés dans la vie par un certain genre de personnes, cela indique à coup sûr que nous portons en nous cette caractéristique et que nous avons pris la décision, à un moment de notre vie, qu'elle était inadéquate. Nous l'avons rejetée, nous l'avons niée, nous avons tout fait pour la cacher. Nous en sommes peut-être même arrivés à oublier que nous étions comme cela.

Or, au fond d'elle-même, l'âme humaine sait bien qu'elle contient tous ces éléments. Elle cherche à tout prix à se réunifier, à récupérer ses morceaux.

L'adage populaire dit : « Ce à quoi l'on résiste persiste. » J'ajouterais que ce à quoi l'on résiste le plus se manifeste le plus. Ce que nous tentons le plus de refouler est toujours ce qui vient hanter notre vie. Ce sont nos tentatives pour paraître exempts de tel ou tel défaut qui font que nos vies sont imprégnées de ces mêmes défauts. Soit ils se manifestent en nous dans les moments les plus inopportuns, soit ce sont les autres qui les manifestent.

Par exemple, Marie a horreur du mensonge et de l'hypocrisie ; les hypocrites l'exaspèrent au plus haut point. Elle se croit d'une intégrité irréprochable, mais elle doit sans arrêt affronter des hypocrites dans sa vie. Qu'est-ce que cela signifie ?

Cela signifie qu'un jour, Marie a décidé qu'être hypocrite, c'était « mal », qu'il ne fallait surtout pas qu'elle le soit. Cela a pu se produire de bien des façons. Ou elle a été prise en flagrant délit de mensonge et a été sévèrement punie ou elle a été témoin du traitement infligé à un autre « hypocrite » par ses parents. Elle a pu aussi être victime des mensonges et de l'hypocrisie d'une sœur ou encore entendre sa mère traiter son père infidèle d'hypocrite juste avant de le quitter. Quoi qu'il en soit, elle a pris la décision de ne jamais être hypocrite.

Or, Marie est humaine et elle a parfois, comme tout le monde, le réflexe de recourir au mensonge pour se sortir d'une situation embarrassante. Lorsque cette envie monte en elle, Marie en a honte et se dépêche de la refouler. Elle nie l'existence même de toute hypocrisie en elle et juge sévèrement quiconque manifeste cette caractéristique humaine, qu'elle a classée dans la catégorie des défauts impardonnables.

Marie est donc d'une intransigeance sans limites envers « les hypocrites ». Cependant, elle a beau le nier de toutes ses forces, Marie sent bien que, quelque part, elle aussi possède cet horrible défaut enfoui au fond de son âme. Chaque fois que monte en elle l'impulsion de mentir, elle la refoule avec violence, sans aucune compassion pour la partie d'elle-même qui cherche à se protéger par le mensonge.

Marie n'a pas seulement décidé que mentir était mal et qu'elle voulait éviter de le faire. Elle a décidé que le fait de porter en elle le désir même de mentir, la simple impulsion de masquer la réalité, faisait d'elle une mauvaise personne. C'est là toute la différence entre une attitude saine par rapport au mensonge et une honte maladive issue d'une conclusion tirée à propos de soi-même. Marie ne pense pas : « Je suis un être humain normal à qui il arrive d'avoir envie de mentir. » Elle ressent plutôt, souvent inconsciemment : « Je suis un être humain inadéquat, car je suis une menteuse. Je dois absolument me débarrasser de cet horrible défaut. » Elle ne juge pas ses actes, elle juge son essence.

Par conséquent, comment pourrait-elle éprouver la moindre compassion envers ces êtres faibles et veules qui se permettent de mentir sans vergogne ? En fait, Marie les a en horreur. Elle les rejette avec autant de virulence qu'elle rejette cette partie d'elle-même.

Or, notre inconscient fonctionne en quelque sorte comme un aimant attiré par ce que nous cherchons à refouler. Plus nous nions et rejetons une partie de nous, moins nous en reconnaissons l'existence en nous et plus nous la voyons partout, à l'extérieur de nous.

C'est comme si Marie attirait à elle, comme un aimant, tout plein de gens hypocrites. Ou encore, ce qui peut paraître plus plausible ou facile à admettre, c'est comme si elle remarquait toutes les petites et grandes manifestations d'hypocrisie qui sont toujours présentes autour de nous et qui passent inaperçues pour la majorité de ceux pour qui l'hypocrisie n'est pas un enjeu majeur.

C'est votre cas ? L'hypocrisie et les mensonges plus ou moins blancs ne vous heurtent pas plus que cela ? Vous riez d'un individu grossièrement menteur et vous le trouvez pathétique, mais cela ne déclenche pas chez vous une forte réaction ?

Alors, il y a fort à parier que vous êtes une personne généralement honnête et franche, mais qui a volontiers recours à un petit mensonge par-ci, par-là, si les circonstances vous y poussent. Mentir pour vous sortir d'une situation embêtante ou pour éviter de blesser quelqu'un ne vous empêche pas de dormir. Vous êtes probablement à l'aise avec le fait que les enfants mentent souvent, vous acceptez que cela fasse partie du développement normal et que toute vérité ne soit pas nécessairement bonne à dire.

Autrement dit, vous assumez fort bien votre humanité et votre imperfection *en ce domaine.*

Si c'est votre cas, relisez l'histoire de Marie en remplaçant les mots *hypocrisie* et *mensonge* par *faiblesse*, *lâcheté*, *passivité*, *égoïsme*, *paresse*, *jalousie* ou *colère*. Trouvez le défaut qui vous irrite le plus et que vous avez tendance à voir partout. Puis, faites l'exercice.

Ce phénomène qui fait que l'Univers renvoie toujours l'image de ce que l'on rejette en soi s'appelle la « projection ». L'entourage et la société sont composés d'individus représentant toutes les caractéristiques possibles. On est ainsi facilement capable d'y trouver le reflet exact de ce que l'on refuse de voir en soi. Les enfants disent : « Celui qui le dit, celui qui l'est. » Cela exprime bien que l'on perçoit dès son plus jeune âge le phénomène. Dans son film *The Shadow Effect*, Debbie Ford l'illustre par une image très forte où l'on peut voir que lorsque l'on pointe un index accusateur vers une personne, les autres doigts de la main sont dirigés vers soi. Ce qui offusque tant chez l'autre est inévitablement présent en soi, exprimé ou non.

Le meilleur moyen pour savoir si notre réaction devant les actions d'une autre personne est de la projection, c'est d'en mesurer la charge émotive. Sommes-nous affectés ou simplement informés ? Lorsque nous nous contentons de constater, par exemple, qu'une personne est trop exubérante et que nous n'y repensons plus quelques minutes plus tard, nous ne sommes probablement pas sous l'emprise d'une projection. Par contre, lorsque son enthousiasme débordant et sa voix forte nous dérangent, lorsque nous sommes vraiment agacés par cela et que chaque mot nous irrite davantage, nous sommes certainement en train de projeter quelque chose sur elle. Il y a au fond de nous un être exubérant qui rêve de s'exprimer et dont la voix est étouffée.

La projection joue aussi également son rôle dans la recherche de la réussite sociale. Les personnes qui doutent profondément de leur propre capacité à réussir tenteront souvent de vivre le succès par procuration en s'entourant de gens qui possèdent, selon eux, les qualités qui leur manquent pour atteindre les sommets. Par exemple, on peut observer que les adolescents populaires sont très souvent entourés d'une cour de jeunes qui n'ont pas leur talent en sports ni leur succès avec l'autre sexe. C'est beaucoup moins risqué de baigner dans la lumière d'une autre personne que d'oser prendre le risque d'exprimer la sienne.

Parallèlement, mais à l'opposé, on peut projeter sa part de l'échec sur les autres. C'est ainsi que les partisans de certaines équipes sportives vont s'acharner sur l'entraîneur ou le joueur-vedette lorsque le succès n'est pas au rendez-vous. On peut ainsi se défouler sur un autre qui personnifie tous les échecs que l'on a connus soi-même et dont on a honte.

3. LE CAMOUFLAGE. LA COURSE À LA PERFORMANCE : LE MASQUE POUR CACHER TOUTES SES FAILLES

« Ta cible est dans les sphères. »
Félix Leclerc

Ce besoin de prouver notre valeur et de justifier notre existence nous incite, dans le monde d'aujourd'hui, à une course sans fin vers la performance. Nous avons déjà vu que notre nature animale nous pousse à tout faire pour être admis au sein du groupe, acceptés, reconnus et, si possible, à nous élever dans la hiérarchie (n'oublions pas que les petits poissons se font manger par les plus gros !).

La honte provoque en nous un besoin maladif d'accomplir des performances qui feraient de nous « les meilleurs ». Nous visons toujours la perfection, puisque seule celle-ci nous placera à l'abri de l'humiliation. Le perfectionnisme est donc une caractéristique fondamentale des personnes qui souffrent d'un narcissisme blessé. Rien n'est jamais assez bien, assez réussi. Cette quête de la perfection absolue transforme la vie en enfer alors qu'elle alimente un dialogue intérieur négatif qui ne s'arrête jamais.

Le perfectionnisme, par définition, est basé sur la présomption que l'on peut être parfait, que c'est possible. C'est évidemment une fausse prémisse. Pourtant, cette perfection impossible à atteindre est la seule issue acceptable pour l'être qui craint par-dessus tout l'humiliation, le ridicule.

Vous avez préparé un superbe repas pour vos invités, qui se régalent et vous font compliment sur compliment ? D'une part, vous voilà rassuré de savoir que vous ne vivrez probablement pas de catastrophe humiliante aujourd'hui. Pourtant, dans votre tête, vous dressez silencieusement la liste de tous les détails qui auraient pu être mieux. La sauce n'était pas assez salée et les légumes étaient un peu trop cuits. Le dessert était sans doute parfait, mais le mérite en revenait au pâtissier du coin plutôt qu'à votre propre savoir-faire. Rien n'est jamais assez bien, quoi qu'il arrive. Évidemment, quand on ne vise rien de moins que la perfection absolue, la déception et la critique sont toujours au rendez-vous. Si les invités n'ont rien dit de ces failles évidentes, c'est qu'ils sont bien indulgents, ou alors hypocrites. Combien sommes-nous à saboter constamment nos plus belles réussites, nos plus beaux moments par un dialogue intérieur destructeur ?

Il suffit de regarder autour de soi pour constater que la planète est peuplée de gens souffrant d'humiliation. La course effrénée à la performance, au « toujours plus, toujours mieux » peut, certes, être vue comme un moteur de progrès. Vouloir s'améliorer, dépasser ses limites, briser les barrières représente une pulsion humaine naturelle et saine qui ne doit pas être confondue avec le besoin maladif de fuir l'humiliation et la honte. En fait, c'est la motivation qui est bien différente. Lorsque nous voulons nous améliorer et repousser nos limites parce que nous répondons à l'appel de notre âme, parce que nous avons confiance en nous-mêmes et foi en notre potentiel, il s'agit bien là d'un moteur de progrès inestimable. L'humain vivrait encore dans les cavernes sans cela. Notre essence divine nous pousse à sans cesse vouloir nous améliorer. Nous sommes inspirés de réaliser de nouvelles choses, plus belles, plus grandes, plus épanouissantes.

Ce désir de dépassement qui vient du cœur et de l'âme nous pousse tout naturellement à vouloir exprimer ce que nous sommes en totalité, à devenir la manifestation de nous la plus grande, la plus belle et la plus lumineuse possible. La compétition n'est qu'avec nous-mêmes, dans la recherche du dépassement. Cela ne saurait aucunement inspirer le besoin d'écraser les autres et de nous approprier la plus grosse part possible des ressources de notre environnement.

Cette quête est à l'opposé de celle qui est motivée par la peur et la honte. Loin de nous rapprocher de ce que nous sommes vraiment et de la satisfaction des aspirations de notre âme, la course à la performance, motivée par la peur de l'humiliation, nous amène à toujours vouloir prouver quelque chose à l'autre, à toujours dominer et à nous montrer le plus fort. Nous en venons à prendre à bout de bras non pas les projets qui nous inspirent au fond de notre cœur, mais à adopter ceux qui sont susceptibles d'améliorer notre situation sociale et financière. Nous défendons les causes qui nous permettront de montrer au monde à quel point nous sommes supérieurs aux autres et qui pourront nous donner l'illusion de nous mettre à l'abri du ridicule une fois pour toutes.

L'important n'est plus ce que nous sommes, mais l'image que nous projetons. Il faut agir de manière forte, heureuse, triomphante à tout prix, sans égard à notre véritable essence. La motivation n'est pas du tout la même. Loin de pousser l'humain à se réaliser, dans le respect de l'autre et de l'environnement, la course à la performance et à l'accumulation de biens matériels engendrée par la peur et la honte entraîne les maux qui sont en train de détruire la terre. Dans cette course, seul compte le degré de protection que nous croyons pouvoir fournir à notre ego.

C'est ainsi que le jeune cadre ambitieux qui, à l'université, était heureux de son tacot d'occasion et de ses jeans usés, en vient à convoiter une BMW et un complet Armani. Son désir d'appartenance lui crée de nouveaux besoins coûteux qui n'existaient tout simplement pas avant. Pour pouvoir se les procurer rapidement, il devra fournir un rendement exceptionnel qui nécessitera qu'il travaille de longues heures et en oublie les activités de loisir qui réjouissaient son âme. Il lui faudra sans doute aussi écraser d'anciens camarades sur son passage, afin de gravir avant eux les échelons et d'être admis dans le club sélect des gens qui ont « réussi ».

Le désir constant d'acquérir toujours plus de biens et de prestige afin de s'entourer de gens populaires dont on cherche l'approbation prend toujours sa source dans un manque d'estime de soi. Il est essentiel de réaliser que le besoin insatiable de performer et de consommer repose sur un narcissisme blessé. On peut même aller jusqu'à dire que cette recherche extérieure constante visant à combler une faille intérieure est la source de la plupart des problèmes vécus en ce monde : guerres, luttes de pouvoir, inégalités sociales, dégradation de l'environnement, etc. Si, à l'échelle individuelle, on réalise que l'on ne peut pas grand-chose pour sauver la planète, il ne faut pas oublier que guérir son ego blessé et faire la paix à l'intérieur de soi est à la portée de tous. S'ils atteignent une masse critique, les changements individuels de ce type auront sur le bien collectif une incidence bien plus grande que tout ce que l'on peut imaginer.

4. LA RÉSIGNATION TRANQUILLE

Nous arrivons tous éventuellement à un âge où il faut nous rendre à l'évidence. Nous ne réaliserons pas tous nos rêves. Nous ne deviendrons pas ce que nous espérions. La perfection à laquelle nous aspirions, la réussite que nous convoitions, le bonheur absolu que nous cherchions ne nous apparaissent plus à notre portée.

Pour la majorité, cela se produit vers la fin de la quarantaine. C'est la période où le corps commence à nous lâcher. On n'a plus l'énergie nécessaire pour entretenir des illusions sur soi et sur le monde. Cela est vrai pour à peu près tout le monde. C'est un phénomène bien plus criant et souvent plus précoce chez les personnes qui ne sont pas arrivées à faire la paix avec ce qu'elles sont. Combien de gens vivent leur vie sans éclat, sans enthousiasme et sans flamme ? On se distrait en attendant la mort. C'est ce qui se produit lorsque l'on a, en quelque sorte, renoncé à soi-même.

Pendant leur jeunesse, la plupart des gens sont porteurs d'une flamme, d'un refus des barrières, d'un désir de changer le monde. On se croit invincible, capable de tout. Puis, petit à petit, la vie place chacun devant ses limites. Pour la personne qui, à la base, est convaincue que son être est déficient et inadéquat, chacun de ces affrontements avec la réalité devient un élément qui renforce la honte déjà ressentie. Chaque revers, peine ou échec représente une preuve de plus qu'elle doit cacher ce qu'elle est vraiment.

Certains, peu nombreux, essaient de se battre. Il s'agit là de personnes qui ont un narcissisme plus sain qui leur donne la force de s'opposer. Ce sont, dans nos sociétés, des êtres d'exception. La majorité des gens finit par se résigner, par se soumettre. La vie a généralement eu ces personnes à l'usure. Faute de pouvoir réellement aspirer à être le champion, le meilleur, le numéro un en tout, on cesse tout simplement d'essayer.

Lorsque l'on regarde les Jeux olympiques, on est porté à admirer le courage de l'athlète qui a surmonté mille et une difficultés pour enfin monter sur la plus haute marche du podium et recevoir sa médaille d'or devant une foule en délire. Pourtant, ce courage n'est rien comparativement à celui du sportif qui sait, dès le départ, qu'il n'a pas le potentiel pour espérer mieux qu'une vingtième place, mais qui continue, envers et contre tout, à s'entraîner jour après jour pour se rendre aux Jeux olympiques, montrer au monde entier qu'il n'est « pas assez bon » pour ne serait-ce qu'aspirer à une médaille. Selon moi, les personnes qui ont ce courage sont véritablement des êtres d'exception, tout autant que les prodiges qui gravissent le podium.

Généralement, on finit par se résigner. On accepte son sort. On se contente d'une vie convenable, d'un couple qui fonctionne à peu près, d'un travail qui paye suffisamment, d'une maison potable dans un quartier vivable.

On se satisfait de tous ces éléments qui assurent la sécurité de base, la survie. On se dit que l'on n'a pas le droit de se plaindre, que « lorsque l'on se compare, on se console ». Et tout cela, c'est vrai. Moi tout comme vous, qui avez le temps et les moyens de lire ce livre, n'avons certainement pas de quoi nous plaindre comparativement au mode de vie de plus de 80 % de l'humanité.

On se résigne donc. On apprend à se contenter de son sort et à continuer à survivre en attendant la mort.

On craint d'ailleurs cette mort par-dessus tout. À partir d'un certain âge, lorsque l'on n'arrive plus à se croire invulnérable, on se tâte, on s'examine, on consulte, on s'assure contre tous les dangers, réels ou imaginaires. On ne veut surtout pas mourir parce que, trop souvent, on a le sentiment de n'avoir pas encore vécu. On sent bien, confusément, que l'on est venu faire quelque chose de particulier sur cette terre, autre chose que ces années de métro, boulot, dodo que l'on a accumulées jusqu'à présent.

Cette vie plate, sans flamme, sans enthousiasme, sans passion est ce que j'appelle la « résignation tranquille ». Mais d'où cela vient-il ? C'est sans contredit engendré par la peur de montrer qui l'on est : la peur du ridicule, de l'humiliation, du rejet. Tout cela a causé la quasi-extinction de notre flamme originelle.

Des milliards de gens sont ainsi résignés. Ils avancent, un pied devant l'autre, souvent jusqu'à la mort. Ils attendent la retraite comme si cela allait apporter un peu de magie dans leur vie. Pour un certain nombre de personnes, c'est vrai. Devant tout ce temps libre, elles renouent avec leur passion de jeunesse. D'aucuns se remettent à peindre, à faire de la musique, à écrire, à voyager. D'autres retournent à l'école, pour apprendre une langue étrangère ou approfondir un sujet qui les a toujours intrigués. La plupart des gens, cependant, se contentent de continuer à faire ce que l'on attend d'eux, ce que leur milieu impose, ce qui équivaut à se bercer en attendant la mort.

Parmi tous ces gens qui meurent à petit feu dans une vie de désespoir tranquille, combien ont régulièrement des moments de lucidité au cours desquels l'absurdité de leur vie leur apparaît clairement ? La très grande majorité, sans aucun doute. Nul ne peut se débrancher totalement de son âme. Notre « moi » profond crie régulièrement pour nous réveiller. Il nous envoie des avertissements, parfois sous forme d'un vent de nostalgie par rapport à ce qui fut jadis. D'autres fois, cela prend la forme d'un violent sentiment de jalousie envers quelqu'un qui accomplit quelque chose qui se rapproche de nos aspirations profondes.

Notre âme ne nous laisse jamais tomber. Elle veut nous réveiller et souvent elle prend les grands moyens. Lorsque les signaux subtils ne fonctionnent pas, elle sort l'artillerie lourde. C'est alors que frappe la maladie, la séparation, la perte d'emploi ou le décès d'un proche. Ces événements représentent souvent une ultime chance de nous réveiller, de secouer notre torpeur et de réaliser qu'il est temps de nous choisir enfin, pendant qu'il en est encore temps.

Mais la peur du ridicule, encore une fois, vient faire son œuvre de sabotage. Combien ont le courage de briser enfin leurs chaînes et de montrer au monde leur vrai visage ? Lorsque nous sommes paralysés par la peur de révéler qui nous sommes vraiment, il y a de grandes chances que nous réagissions à l'épreuve comme les proches s'y attendent, pour préserver encore une fois notre image et notre sécurité. Nous acceptons un traitement médical alors que notre être crie « non », nous choisissons une nouvelle occupation qui convient à notre âge et à notre milieu, nous refusons de faire ce voyage qui nous tente pour ne pas laisser quelqu'un derrière, nous prenons les décisions qui conviennent à l'entourage et rassurent les enfants. Il ne nous reste alors qu'à attendre la mort en poursuivant notre existence de résignation tranquille.

Songeons un moment au nombre de vies ainsi gaspillées, au potentiel inexploité de milliards de personnes. Comment serait le monde aujourd'hui si chaque être accueillait la totalité de ce qu'il est fondamentalement et qu'il prenait la décision de vraiment vivre en écoutant sa voix intérieure, en actualisant son plein potentiel et en faisait profiter le reste de l'humanité ?

5. LA DÉPENDANCE

La honte est à l'origine de toutes les dépendances. Elle engendre une douleur intolérable qu'il faut engourdir à tout prix. Contrairement à la douleur physique, la douleur chronique provoquée par la honte et le rejet de son être authentique ne connaît pas de répit. On ne peut espérer guérir d'une tare avec laquelle on est né : son imperfection, son inadéquation. Quand on est aux prises avec cela, on est incapable d'avoir une relation avec soi-même ni avec qui que ce soit d'autre. On se sent totalement seul, prisonnier et isolé.

Il est inévitable que l'on recherche des moyens d'engourdir cette douleur intolérable. Lorsque l'on s'adonne à une activité qui endort temporairement la peur de révéler qui l'on est et la honte d'exister, cela apporte nécessairement un apaisement momentané de la douleur. Ces activités offrent un répit passager que l'on souhaite évidemment retrouver. Cela constitue le premier pas vers la dépendance. En plus de permettre au corps de sécréter des hormones liées au bien-être, qui ne sont pas produites autrement chez l'être paralysé par la honte, ces occupations fournissent souvent un sentiment d'appartenance, au début, du moins. L'individu se retrouve à partager avec d'autres personnes des activités sociales qui lui permettent de se valoriser, de se tailler une place.

Dans leur ouvrage *Facing Shame*[7], Fossum et Mason écrivent que « l'un des aspects les plus clairement identifiables de la honte est la dépendance ». Pour comprendre cela, imaginons que vous avez une douleur physique très vive, par exemple un mal de tête lancinant qui ne veut pas s'en aller. Cette douleur qui est présente 24 heures par jour vous empêche de profiter de la vie. Vous ne pensez qu'à cela. Imaginons ensuite que vous consultiez un médecin qui vous prescrive un médicament très efficace qui engourdit la douleur. Soudain, vous n'avez plus mal. Vous n'êtes plus obsédé par cette douleur. Vous retrouvez goût à la vie, la beauté de la nature vous intéresse de nouveau, vous redécouvrez le plaisir de marcher, de manger, de lire, de sourire.

Le hic, c'est que vous avez besoin du médicament. Dès que vous arrêtez de le prendre, vous retombez immédiatement dans l'enfer de votre douleur. Le médicament devient donc le centre de votre existence. Il devient d'une importance capitale de vous en procurer, puisqu'il est nécessaire pour que la souffrance cesse et que la vie retrouve son intérêt.

Il suffit maintenant de réaliser que la honte est également une douleur chronique, qui touche l'âme plutôt que le corps, pour comprendre que l'on puisse facilement devenir dépendant de toutes choses qui l'apaisent. La dépendance est d'ailleurs très souvent présente dans les milieux familiaux où les rapports sont centrés sur la honte et l'humiliation. Elle est cependant un piège, une arme à double tranchant, parce qu'elle cache la honte, elle engourdit la honte, mais en même temps elle la nourrit.

L'auteur américain John Bradshaw écrit: «Je buvais pour oublier les problèmes causés par mon alcoolisme. Plus je buvais pour soulager la solitude et la souffrance engendrées par la honte, plus j'avais honte[8].»

La plupart des jeunes vivent, à l'adolescence, des soirées bien arrosées où l'alcool leur permet de surmonter leur gêne et leurs inhibitions, où ils se sentent pour un instant intéressants, séduisants, heureux de vivre et libérés de la crainte du ridicule et de l'humiliation. Ils osent alors enfin danser sans se préoccuper de ce que l'on pensera d'eux. Ils trouvent le courage de draguer le garçon ou la fille qui leur plaît depuis longtemps, mais à qui ils osent à peine adresser la parole en temps normal.

Chez la personne dont le « moi » est en santé, ce genre d'incident n'engendrera pas la dépendance. Il servira plutôt à lui montrer ce dont elle est capable, ce qui est possible pour peu qu'elle ose, qu'elle se fasse confiance. Par contre, chez l'être au narcissisme blessé, qui doute constamment de lui, une telle soirée viendra simplement appuyer sa conviction qu'il n'aurait pu y arriver sans alcool. Il attribuera son succès précisément à sa consommation et non pas au fait qu'il s'est tout simplement senti plus libre d'être lui-même. L'alcool risque ainsi de devenir une béquille dont il ne pourra plus se passer.

Le fait qu'il ait besoin d'une telle béquille engendrera nécessairement encore plus de honte, parce que l'être qui aspire à la perfection et qui se juge durement ne peut évidemment pas accepter cette faiblesse. Il en viendra graduellement trop souvent à augmenter sa consommation pour retrouver ce bien-être artificiel, ce qui créera inévitablement toutes sortes de problèmes de comportement qui entraîneront à leur tour encore plus de honte. C'est le cercle vicieux de toutes les dépendances. Aucune personne souffrant de honte paralysante, étouffée par la peur du ridicule et de l'humiliation, n'y échappe.

On ne parle évidemment pas toujours de dépendance à des substances nocives ou à des comportements qui sont socialement inadmissibles. Certes, on peut être dépendant de l'alcool, de la drogue et des médicaments prescrits, du sexe et de la pornographie, du jeu, de la cigarette ou de la malbouffe. Cependant, la dépendance va beaucoup plus loin que cela. Elle peut prendre des formes très diverses et je ne connais personne qui n'a jamais eu dans sa vie d'épisodes de dépendance.

Bien des gens sont dépendants de leurs croyances, religieuses, politiques et autres. On connaît tous des personnes qui ont besoin d'avoir raison, de convaincre les autres, de gagner à tout prix toutes les discussions. C'est là une autre forme de dépendance, la dépendance à ses certitudes, car elles procurent un sentiment de solidité et de supériorité qui apaise la honte. On peut aussi être dépendant de la performance, du sport, de l'argent, du pouvoir, du sentiment amoureux, de ses émotions, du changement et, bien sûr, de certaines personnes.

L'une des dépendances que l'on rencontre le plus couramment chez les personnes qui ont peur de l'humiliation est la dépendance au contrôle. Leur vie est centrée sur le besoin de tout contrôler, les personnes comme les situations. C'est la seule manière d'éviter l'humiliation. Or, la personne souffrant de dépendance ne contrôle absolument rien, surtout pas elle-même. C'est la dépendance qui la contrôle.

Ce paradoxe se manifeste de manière très claire chez les personnes souffrant de troubles alimentaires. Il est exacerbé par les régimes, les périodes où l'on contrôle intensivement son poids et son alimentation. Ces périodes sont inévitablement suivies de périodes de relâchement qui entraînent généralement des abus alimentaires et une reprise de poids.

Les personnes prises dans ce cycle ont l'impression d'être « mauvaises » lorsqu'elles se laissent aller à abuser des aliments et d'être « bonnes » lorsqu'elles reprennent le contrôle de ce qu'elles mangent, lorsqu'elles respectent leur régime, lorsqu'elles perdent du poids. Pourtant, il n'y a rien de bon ni de mauvais là-dedans. Il s'agit juste d'un cycle tout à fait normal de contrôle et de relâchement qui se produit dans notre corps mille fois par jour sans que l'on y pense.

Par exemple, nous apprenons très jeunes à contrôler nos sphincters pour ne pas salir nos sous-vêtements et à les relâcher lorsque nous allons à la toilette. Nous contrôlons, ou contractons, nos muscles et nous les relâchons successivement pour accomplir tous nos mouvements. Nous retenons notre respiration en certaines circonstances, mais nous savons très bien qu'il est impossible d'attendre bien longtemps avant de la relâcher.

Dans ces cas-là, est-ce que l'on se juge « meilleur » lorsque l'on est contracté plutôt que lorsque l'on est relâché ? Bien sûr que non ! À moins d'être très malade, on ne porte aucun jugement de valeur sur ces phénomènes naturels. Or, se priver de nourriture, éviter de manger en quantité suffisante les aliments que l'on aime équivaut à un contrôle, à une contraction musculaire intense. Il est tout à fait normal et inévitable qu'elle doive être suivie d'un relâchement. C'est la raison pour laquelle les régimes ne fonctionnent jamais à long terme !

Les gens qui ont des problèmes alimentaires, qui mangent compulsivement, sont la plupart du temps bien conscients qu'ils souffrent de dépendance quant à la nourriture. Ils savent que certains aliments servent à les réconforter, à les apaiser, à faire taire la douleur. Cependant, ils sont souvent inconscients qu'ils sont également dépendants de la sensation de pouvoir, de puissance, de réussite, que leur procure le contrôle absolu de leur alimentation qu'ils exercent lorsqu'ils suivent un régime. Ils passent en fait d'une dépendance à l'autre, de l'une qu'ils jugent inacceptable à une autre qui leur paraît désirable.

On ne rencontre pas ce genre de double dépendance et de paradoxe uniquement chez les personnes aux prises avec des troubles alimentaires. On la voit chez tous ceux qui passent des périodes de discipline absolue à des périodes de relâchement et de paresse. Il y a les sportifs qui n'osent pas arrêter de s'entraîner de peur de sombrer dans la léthargie, les bourreaux de travail qui craignent la dépression s'ils perdent leur emploi, les politiciens qui ont besoin d'un scandale pour arriver à quitter la vie publique.

C'est comme s'ils naviguaient entre une dépendance acceptable, celle qui est synonyme de succès, et une autre dépendance honteuse, qui représente l'échec. Pourtant, il s'agit bien de deux dépendances parallèles, indissociables l'une de l'autre et engendrées par une même souffrance, la honte.

Les gens habités par la honte souffrent souvent aussi de codépendance. La personne qui doute d'elle-même et de sa propre valeur intrinsèque est persuadée que les autres ne voudront d'elle que si elle leur est indispensable. Par conséquent, elle s'entourera de gens qui sont eux-mêmes dépendants et elle entretiendra leur dépendance à son égard. Elle fera tout pour que l'on ne puisse se passer d'elle, elle trouvera des solutions à tous les problèmes de ses proches, s'immiscera dans leurs affaires, les privera de leur pouvoir sous prétexte de les aider. C'est, par exemple, le genre de mère qui, au lieu d'élever ses enfants pour qu'ils deviennent autonomes et quittent le nid en pleine possession de leurs moyens, s'organisera pour les garder sous sa jupe le plus longtemps possible. Les relations de codépendance se perpétuent donc entre des êtres dépendants les uns des autres, dont, souvent, aucun n'ose briser le joug d'une telle relation toxique.

6. LA MALADIE DE L'ÂME

À notre époque, la santé mentale représente l'un des principaux enjeux de santé publique. Les cas de dépression et de *burnout* se multiplient dans nos sociétés axées sur le paraître et la performance.

Je ne m'étendrai pas outre mesure sur ce sujet qui mériterait, à lui seul, plusieurs ouvrages. Cependant, il est important de réaliser qu'un grand nombre de ces maux quasi épidémiques prennent leur source dans le rejet de l'être profond, dans l'énergie investie pour projeter au monde une image conforme à ce que l'on estime être approprié.

On a déjà vu que la honte nous contraint à toujours vouloir prouver quelque chose afin de nous préserver du ridicule de l'humiliation. Cela entraîne le perfectionnisme, qui nous pousse à toujours vouloir en donner plus et conduit quasi inévitablement à l'épuisement. « Faire de son mieux » n'est jamais suffisant, il faut pulvériser ses limites, celles que l'on refuse de reconnaître. Les patrons d'aujourd'hui détectent souvent ces failles chez leurs employés et vont pousser à l'épuisement ceux qui carburent à la reconnaissance et au prestige. Alors que l'être (exceptionnel !) qui possède une estime de lui à toute épreuve saura dire non et imposer ses limites, l'individu assoiffé d'approbation et de reconnaissance s'efforcera d'en donner toujours plus pour prouver qu'il n'est pas incompétent et qu'il mérite bien son boulot. Cela conduit des milliers de personnes à l'épuisement et au *burnout*.

Faut-il attendre d'en arriver là pour renouer avec soi et devenir son propre champion envers et contre tous ?

La dépression se produit le plus souvent lorsque l'individu épuise toutes ses ressources pour tenter de cacher ce qu'il perçoit comme ses nombreuses faiblesses et inadéquations et présenter au monde un masque qui se trouve à l'opposé.

Prenons l'exemple de Jeanne, la cadette d'une famille de cinq enfants. Comme elle était la plus petite et la plus vulnérable à cause de sa santé fragile, elle n'arrivait jamais à suivre ses frères et sœurs dans leurs différents jeux. Ceux-ci se moquaient de ses maladresses et de ses limites, et sa mère lui interdisait souvent de prendre part à certaines activités qu'elle jugeait trop dangereuses pour elle. Jeanne en est donc venue à détester sa faiblesse et sa vulnérabilité. Elle ne voulait tout simplement plus être plus petite et moins vigoureuse que les autres. Elle s'est juré qu'elle allait devenir forte et autonome le plus rapidement possible et que plus personne ne lui ferait subir de tels rejets, de telles humiliations.

En grandissant, elle s'est donc construit un masque, une façade de force et d'invulnérabilité. Le monde la perçoit maintenant comme une *superwoman*. D'ailleurs, cela lui convient très bien. Elle fait tout pour entretenir cette image et elle accepte sans hésiter de relever n'importe quel défi. Pourtant, elle sent bien, au fond d'elle-même, que la partie faible et vulnérable existe toujours. Non seulement cette partie existe-t-elle toujours, mais elle crie de plus en plus fort pour réclamer de l'attention. L'énergie nécessaire pour la garder cachée et contenue augmente. Déchirée entre les ressources que requiert l'accomplissement de ces mille et une tâches de superfemme et l'énergie nécessaire pour réprimer la partie d'elle qui hurle pour se faire entendre, Jeanne finit par épuiser sa force vitale et craquer. Elle n'a plus de jus, plus d'appétit pour la vie, plus de ressort. C'est la dépression. Quelque part au fond de son cœur, elle sait bien que cela ne rime à rien et elle n'arrive plus à se convaincre que cela vaut la peine de continuer. L'entretien de sa façade est trop coûteux, mais la peur de montrer son vrai visage est trop grande.

Ce dilemme insoluble conduit certaines personnes au suicide. Si cela peut se produire pour une personne comme Jeanne qui, somme toute, a eu une enfance bien calme au sein d'une famille fonctionnelle, imaginez un instant les proportions que peut prendre le refus d'accepter une faiblesse ou une vulnérabilité pour les personnes qui ont été victimes de sévices graves, notamment sexuels ! Leur vulnérabilité est leur pire ennemie. En plus de les exposer à la honte qu'entraîne l'humiliation, elle leur fait vivre la honte des victimes, dont j'ai parlé précédemment, allant jusqu'à menacer carrément leur intégrité physique. Chez ces êtres, le rejet de cette partie d'eux-mêmes est si profondément ancré qu'il engendre presque automatiquement la dépression et d'autres maladies de l'âme.

On a déjà vu également que celui qui a honte de ce qu'il est doit prouver que son existence est légitime en apparaissant exceptionnel. Lorsqu'il y arrive, toujours temporairement, cela crée une sensation de bien-être intense, mais momentané. C'est bien comme l'effet d'une drogue qui s'estompe rapidement. Il faut toujours renouveler la dose. Chaque échec le plonge au contraire dans l'autoflagellation et un creux, un *down*, qui peut durer plus ou moins longtemps. Éventuellement, ces épisodes de manie et de dépression peuvent ressembler étrangement à la bipolarité.

Même les troubles de la personnalité les plus graves peuvent être intrinsèquement liés à la honte. En effet, lorsque le moteur fondamental de l'être est le suivant : « Ne sois pas ce que tu es », lorsque l'on est habité par une honte de soi insoutenable, on peut arriver carrément à se dissocier de son corps, à le quitter. La dissociation accompagne d'ailleurs fréquemment les formes de honte les plus graves liées aux agressions sexuelles et physiques. La souffrance et la honte qui envahissent la victime lors de ces événements sont si grandes qu'elle en vient souvent, en quelque sorte, à quitter son corps. Elle est ailleurs, dans un autre monde. Ainsi, dans son imagination, elle se construit un scénario qui la transporte loin d'une réalité insoutenable. Elle sort littéralement de son corps alors qu'il subit les pires affronts. Une partie d'elle est totalement plongée dans les affres de l'agression, alors que sa conscience a trouvé refuge ailleurs pour s'en protéger. Il s'agit d'un mécanisme de survie primaire qui permet à la personne de se protéger dans une situation que son être est incapable de gérer.

Cependant, la partie consciente est très souvent dans l'impossibilité de réintégrer la partie victime dont elle a profondément honte. Elle a également honte de sa fuite et de son impuissance à se protéger. Les deux parties restent donc dissociées, parfois pendant une vie entière. Souvent, la victime ira jusqu'à nier avoir subi ces horreurs. L'admettre serait bien trop menaçant, trop humiliant et incompatible avec l'illusion et le scénario qu'elle entretient.

Cela peut conduire à la schizophrénie ou au dédoublement de personnalité, des troubles très graves qui ruinent de nombreuses vies et que la médecine ne peut que soulager, mais rarement guérir. L'individu atteint n'aura peut-être jamais la chance de se réapproprier sa véritable essence qu'il a enfouie au plus profond de lui-même.

De même, lorsque notre éducation nous enseigne à avoir honte de nos pouvoirs fondamentaux d'apprendre, d'aimer et de ressentir, notre vie est transformée en scénario plus ou moins tragique qui ne peut que nous éloigner des besoins criants de notre âme. L'être qui subit l'humiliation à travers ses sentiments apprend à rejeter la partie de lui-même qui aime. Ainsi, il devient incapable d'aimer vraiment, d'accorder conditionnellement de l'amour à qui que ce soit, y compris à lui-même. Ce manque d'amour de soi fait que l'individu retourne sa colère contre sa propre personne. Il s'ensuit une multitude de comportements autodestructeurs comme l'automutilation, les sports extrêmes poussés dans leurs derniers retranchements, l'abus de substances nocives, le sexe à risque et même, ultimement, le suicide.

Il y a bien des façons de mettre fin à ses jours. Ce désir de quitter ce monde de souffrance et d'humiliation, qu'il soit conscient ou non, se transforme souvent en maladie physique. Le corps de la personne qui souffre trop finit éventuellement par s'épuiser et elle développe une crise physique qui lui offre une porte de sortie plus « honorable », mais qui n'en représente pas moins une forme de suicide déguisé.

Lorsque l'on réalise l'ampleur que peuvent prendre les conséquences de la honte et du rejet de soi, quand on prend conscience que cela peut conduire l'individu à la dépression, à la folie et même à la mort, on comprend l'importance de se réapproprier son être profond, de retrouver ce que l'on est vraiment afin, entre autres, de donner l'exemple et de permettre à l'entourage, en particulier les enfants, de grandir sans craindre d'exprimer pleinement ce qu'ils sont. Il faut réaliser toute l'ampleur des torts causés par la honte et l'humiliation afin de faire tout ce qui est en son pouvoir pour que ces armes de destruction massive cessent enfin totalement d'être utilisées comme outil pédagogique dans son entourage et dans la société.

Heureusement, pour la plupart d'entre nous, il est encore temps d'agir, de nous réapproprier notre être profond et véritable, d'apprendre à l'exprimer et à en faire profiter le monde, pour le plus grand bien de tous. C'est ce que nous allons explorer dans la troisième partie.

PARTIE III – LA GUÉRISON
(les étapes de la réconciliation avec soi)

1. L'EXPLORATION DE SOI

a) L'hologramme : on est tout, le meilleur comme le pire

We Are One[9]
— Barack Obama

Pour comprendre la complexité de notre nature humaine et l'importance de réconcilier toutes les parties qui nous composent, il faut tout d'abord appréhender une notion spirituelle qui trouve de plus en plus écho de nos jours, mais qui est très éloignée de ce que l'on nous a appris dans les religions traditionnelles.

En fait, le plus ironique est que cette notion est tout à fait conforme à ce que véhicule le mysticisme de toutes les religions, mais tout à fait étrangère aux enseignements séculiers présentés au commun des fidèles dans les églises, les synagogues, les mosquées et les autres temples.

Toutes les religions enseignent que Dieu est tout et qu'il est parfait. Il est omniprésent, omniscient et omnipotent, c'est-à-dire qu'il est présent partout, qu'il sait tout et qu'il peut tout. Dieu n'est pas le créateur séparé de sa création, puisque la création est l'expression même de Dieu manifestée.

En partant de là, nous pouvons déduire logiquement que si Dieu est tout et qu'il est partout, c'est donc qu'il est également en nous. Cela signifie que nous sommes Dieu, puisqu'il n'existe rien en dehors de Dieu. Dieu se manifeste et s'exprime dans la création, l'Univers, les étoiles, les planètes, dont la Terre, la nature, les plantes, les animaux et les humains.

Si Dieu est tout et qu'il se manifeste en tout, c'est donc que tout ce qui compose l'Univers est divin. Tout, absolument tout. Toutes les parcelles de notre être, toutes nos caractéristiques, toutes nos qualités et tous nos défauts. Il n'est pas un créateur qui observe et qui juge sa création. On n'a qu'à y réfléchir un peu : comment cela serait-il possible qu'un Dieu parfait et tout-puissant s'exprime dans une création qui lui déplaise ?

On revient donc à la question de *Dieu* que j'aborde ici encore une fois. Ce vocabulaire fait peur. À la rigueur, on peut parler de la force, de l'énergie, de l'Univers, mais dès que l'on ajoute le mot *Dieu* et ses dérivés (*divin*, *divinité*, etc.), cela fait fuir bien des gens qui croient que l'on a une religion à vendre.

Personnellement, j'utilise le mot *Dieu* dans un sens totalement « non partisan ». Pour moi, Dieu est la plus grande force que l'on puisse concevoir dans l'Univers. En fait, Dieu est l'Univers et tout ce qui le compose. Vous pouvez appeler cette force comme cela vous plaît. Il est évident qu'il vaut mieux choisir un vocabulaire qui nous convient et qui n'éveille en nous aucune résistance. En effet, les choses se compliquent lorsque nous souhaitons nous exprimer et que nos mots sont chargés négativement.

Vous lisez *Dieu* et vos oreilles se ferment ? Si cela se produit, c'est certainement parce que ce mot a été associé à de mauvaises expériences. Il est important de désamorcer cela. Autrement, nous nous privons d'une mine importante de sagesse. Si vous excluez de votre bibliothèque tous les livres qui comportent le mot *Dieu* ou ses dérivés sur la couverture avant ou arrière, vous laissez de côté bon nombre des ouvrages les plus inspirants qui existent. Mais bon, c'est un choix.

Personnellement, par peur du ridicule, j'ai longtemps résisté et hésité à afficher ma nature spirituelle. Aujourd'hui, je le fais et tant pis pour les jugements dont je ferai l'objet. Cela fait partie de ma guérison. Si je sors du placard, je dois le faire courageusement et j'espère que ce geste en encouragera d'autres à faire de même.

Donc, si nous faisons partie de Dieu, automatiquement cela signifie que nous sommes parfaits, puisque toutes nos composantes sont divines, des parcelles de Dieu. Si nous sommes parfaits parce que nous sommes Dieu, notre voisin qui nous tape sur les nerfs aussi est Dieu et parfait. Le tueur en série qui croupit dans sa cellule aussi est Dieu et parfait. Évidemment, cette dernière réalité est difficile à accepter. Comment cela se peut-il ?

Peut-on imaginer quelque chose de divin qui ne soit pas parfait ? C'est plus facile à comprendre quand on observe la nature. On admet facilement que la nature est parfaite. Pourtant, elle peut être violente, cruelle et destructrice. Dirait-on d'un ouragan que sa violence est « mauvaise », qu'elle est un défaut ? Est-ce que l'on s'attend d'un tigre qu'il fasse preuve de compassion et qu'il épargne la gazelle ? Lui reprochera-t-on sa cruauté et sa gourmandise alors qu'il se nourrit de sa proie ? Non, bien sûr. L'humain, si l'on admet qu'il est divin (puisque Dieu est tout) est donc parfait lui aussi. Après tout, l'humain est, selon encore une fois les textes sacrés, la créature qui ressemble le plus à son créateur, celle qui est conçue à son image et à sa ressemblance.

Ressembler à Dieu, cela veut dire porter en soi le « tout » divin. Comme Dieu, nous avons tout en nous. Il est naturel pour nous d'avoir ce tout en nous. Le tout n'est pas uniquement ce que nous avons appris à trouver bon ou acceptable par notre éducation et notre milieu. Tout, cela signifie tout, le beau comme le laid, le bien comme le mal.

Aujourd'hui, la science offre un outil qui permet de mieux appréhender cette réalité. Il s'agit de l'hologramme. Il est également très utile pour tous ceux pour qui le mot *Dieu* engendre automatiquement de la résistance et qui sont plus à l'aise avec une vision plus matérialiste des choses, appuyée par la science.

Pour les scientifiques, l'origine de l'Univers se trouve au cœur d'un vaste champ d'énergie quantique. D'un point de vue spirituel, cette énergie peut s'appeler Dieu, Yahvé, Allah, Brahma, Être suprême, Principe primordial, Absolu, Innommable, Un, Lumière, Verbe, Éternel, Infini, Essence, etc.

En explorant l'infiniment petit à l'aide d'instruments de plus en plus puissants, la science a découvert que la matière en apparence inerte était composée d'atomes et les atomes, de particules... Or, ces particules ne constituent pas une substance matérielle, dite solide, mais des amas d'énergie qui bougent et se transforment constamment.

Le physicien français Alain Aspect a démontré que les particules subatomiques, comme des électrons, ne sont pas des objets séparés, mais en fait sont des aspects d'un ensemble extrêmement vaste qui leur permet en quelque sorte d'échanger de l'information et de réagir de manière coordonnée, comme s'ils communiquaient instantanément entre eux, quelle que soit la distance qui les sépare, que ce soit quelques millimètres ou des années-lumière. Selon cette théorie, on peut presque qualifier l'Univers d'organisme unique. De là à considérer cet organisme comme étant Dieu, il n'y a qu'un pas.

> « La théorie quantique nous oblige à considérer l'Univers non comme une collection d'objets physiques, mais comme un réseau complexe de relations entre les diverses parties d'un tout unitaire. »
>
> — Fritjof Capra, physicien

> « Chaque particule consiste en toutes les particules. »
>
> — Norbert Wiener, physicien

Dans le même ordre d'idées, le physicien américain David Bohm a déduit des travaux d'Alain Aspect que la réalité objective au sens où nous l'entendons n'existe pas. Malgré son aspect matériel apparent, l'Univers ne serait au fond qu'un gigantesque hologramme magnifiquement détaillé.

Ainsi, chaque morceau d'une plaque holographique contient la totalité de l'information originale. Cette théorie conduit à rejeter la démarche scientifique traditionnelle qui consiste à diviser l'objet d'observation en parties les plus petites possible et qui engendre des ultraspécialistes qui savent quasiment tout à propos des pattes de la mouche tsé-tsé, mais rien à propos de l'effet des pesticides sur l'écosystème où elle vit et se reproduit. La théorie holographique nous enseigne plutôt que l'Univers ne peut pas être compris de cette manière. Si l'on tente de fragmenter quelque chose qui a été conçu comme un hologramme, on n'arrivera jamais véritablement à obtenir une vision réelle du tout.

Pour Bohm, l'Univers serait donc comme un immense hologramme où chaque galaxie, chaque atome renfermerait en lui la totalité de l'Univers. L'esprit et la matière ne représenteraient finalement que des manifestations différentes d'une seule et même réalité. Tout serait ainsi soumis aux mêmes lois, l'atome se comportant par exemple de la même manière qu'un système solaire en miniature alors que notre planète n'est peut-être qu'une particule qui compose un atome d'un objet usuel appartenant à un univers gigantesque.

Ces particules ne sont pas des éléments distincts, mais des facettes d'une unité profonde et sous-jacente, tout aussi indivisible que la représentation d'une image sur un hologramme. À son niveau le plus subtil, la réalité serait une sorte de superhologramme composé de tout ce qui existe, tant sur le plan « matériel » que psychologique ou spirituel, et dans lequel le passé, le présent et le futur existent simultanément.

> « Il n'existe qu'un seul courant, qu'une seule respiration, toutes choses sont en sympathie. L'organisme entier et chaque partie de cet organisme travaillent à la conjonction d'un même dessein... Le grand principe s'étend jusqu'aux régions les plus lointaines, et des régions les plus lointaines, il retourne au grand principe qui est une seule nature, êtres vivants ou objets inanimés. »
>
> — C. G. Jung

La théorie du big bang aide aussi à comprendre ce concept. Selon cette hypothèse de la physique, la matière et l'énergie qui composent l'Univers se trouvaient à l'origine concentrées en un seul point dont la masse et la température étaient infiniment élevées. Il se serait produit une explosion, appelée « big bang », qui libéra toute cette énergie et tout ce qui compose l'Univers tel que nous le connaissons aujourd'hui. La matière et l'énergie sous toutes ses formes tirent donc leur origine d'une seule et même entité. Cela peut sembler difficile à admettre, mais c'est ce que la physique enseigne aujourd'hui.

Si l'Univers est un organisme unique, un hologramme dont nous faisons partie, nous portons donc au fond de nous la totalité de ce qui le compose, incluant toutes les qualités et tous les défauts. Pour arriver à nous aimer et à faire la paix en nous, il faut parvenir à accueillir tous ces éléments qui constituent notre être et à comprendre que, sans chacun d'eux, nous ne serions pas ce que nous sommes, des êtres humains, à la fois matériels et spirituels, anges et démons.

Attention, il faut bien préciser que le fait d'accepter des « défauts » ou penchants animaux ne veut pas dire que l'on va soudain se comporter comme des bêtes, sans inhibitions, et que l'on va manifester sans retenue sa violence. Cette peur du démon que l'on porte en soi, du « Mister Hyde », n'est pas fondée.

Les manifestations incontrôlées de violence sont, au contraire, le plus souvent l'expression désordonnée de pulsions toutes naturelles qui ont trop longtemps été réprimées. Par exemple, il est connu que les sévices sexuels violents se rencontrent principalement dans les sociétés où la sexualité est fortement réprimée, comme dans l'Angleterre victorienne ou dans les pensionnats religieux d'autrefois. Ils sont cependant extrêmement rares dans les sociétés où la sexualité est ouverte et bien assumée.

Peut-on imaginer une personne qui aurait connu un développement harmonieux de sa sexualité pendant l'enfance, et qui aurait une vie sexuelle épanouie en tant qu'adulte, se transformer en pédophile molestant des enfants ? Bien sûr que non ! De tels individus sont presque tous des êtres traumatisés pendant leur jeunesse, dont l'identité sexuelle est réprimée. Ils vivent tout ce qui se rattache à la libido dans la honte. Or, et c'est là le plus ironique, ils ont honte de leur sexualité, ils la refoulent, et le seul moyen qu'ils trouvent pour l'exprimer leur procure encore plus de honte.

Pour faire la démonstration de cela, l'auteure et *coach* américaine Debbie Ford utilise l'analogie du ballon de plage. Chaque partie de soi, chaque qualité et chaque défaut est comme un ballon de plage qui flotte tranquillement à la surface de l'eau. Lorsqu'un événement, généralement survenu pendant l'enfance, engendre la honte de l'une de ces caractéristiques (« comment puis-je être aussi stupide, égoïste, malpropre, paresseux, etc. ? »), on tente d'enfoncer le ballon de plage correspondant sous l'eau pour que personne ne le voie et que l'on puisse même en oublier l'existence.

Or, il est très difficile de maintenir un ballon de plage enfoncé sous l'eau. Il cherche toujours à remonter à la surface. Nous avons tous plusieurs ballons de plage que nous tentons désespérément de garder bien enfouis. Cela nous prend énormément d'énergie, dont nous ne disposons plus pour accomplir ce à quoi nous aspirons.

Il est inévitable qu'un jour ou l'autre, nous faiblissions. Notre attention se relâche, notre énergie sollicitée ailleurs vient à manquer. Le ballon de plage nous remonte alors à la figure, créant souvent le drame que nous redoutons, l'humiliation que nous cherchons à éviter. C'est ce phénomène qui est illustré à travers l'incident de ce politicien à qui tout réussit et qui se fait prendre à commettre un vol à l'étalage, de ce prêtre surpris au bordel ou de cette vedette de cinéma que l'on arrête pour ivresse au volant.

Pour certains individus, qui ont la sagesse de comprendre la leçon d'une pareille humiliation, cet incident peut marquer le tournant de leur vie, le début du travail d'intégration de toutes les parties exclues et du cheminement vers la pleine réalisation de leur être. Pour les autres, malheureusement, cela n'est qu'une humiliation de plus qui intensifie le sentiment de honte et le désir de se cacher encore davantage.

Heureusement, il n'est pas nécessaire d'en arriver là pour amorcer le travail d'intégration des parties de soi que l'on a rejetées. Il suffit d'aspirer à réaliser son plein potentiel, à exprimer la totalité de son être et à se libérer de la tyrannie de la peur, de la honte et de l'humiliation. Accepter ce que l'on est, cela signifie en effet faire la paix avec tous les défauts dont on a honte et toutes les qualités qui font rougir.

Il est évident que l'on ne manifeste pas tous chacune de ces caractéristiques concrètement et constamment dans sa vie. Cela n'est ni nécessaire ni souhaitable. Il suffit de savoir qu'être divin signifie être tout et que le potentiel existe en nous.

Dans son célèbre roman *La part de l'autre*, Eric-Emmanuel Schmitt raconte le destin qu'aurait pu avoir Hitler s'il avait été accepté à l'école des beaux-arts. Sa vie aurait sans doute pris une tout autre orientation s'il avait appris à exprimer dans l'art toute sa colère et toute sa violence, comme plusieurs grands artistes l'ont fait.

La vie en a décidé autrement, et ce roman a été décrié par ceux qui tiennent absolument à voir Hitler comme un monstre, un être à part, totalement différent de nous. Pour bien des gens, Hitler ne doit pas être comme nous tous, car c'est bien trop menaçant. Si l'on arrive à le classer dans la catégorie « monstres », on peut s'en dissocier complètement. On a peur d'imaginer que, placé dans les mêmes circonstances que lui, on aurait pu suivre le même chemin.

Or, on peut le nier tant que l'on voudra, il reste toujours au fond de soi le sentiment que cette possibilité existe. On sait bien que parmi les nazis se trouvaient plusieurs personnes « ordinaires », pas si différentes de soi. On ne peut vraiment arriver à se convaincre à 100 % que l'on aurait agi différemment dans les mêmes circonstances. Ce seul doute engendre énormément de honte chez bien des personnes. Le peuple allemand porte d'ailleurs lourdement cette honte de manière collective, ce qui est souvent exprimé par ses artistes et ses penseurs.

Pour arriver à se guérir de la honte et à trouver la force de montrer au monde son vrai visage, il faut d'abord admettre l'idée qu'Hitler existe au fond de chacun de nous, tout comme mère Teresa et Gandhi, George Bush et Barack Obama. Il faut nous réconcilier avec tout ce qui est caché dans l'ombre de notre inconscient, le plus sombre comme le plus lumineux. Cette notion peut être extrêmement difficile à admettre. Nous ne voulons surtout pas être comme les personnes que nous craignons et méprisons le plus. Nous trouvons aussi inconcevablement prétentieux de nous comparer à celles que nous admirons le plus.

Pour beaucoup de personnes, il sera toutefois plus facile de reconnaître l'existence d'un Hitler potentiel au fond d'elles que de se dire : « Je suis fou comme ma mère, je suis violente comme mon père. » Ce qu'il faut bien comprendre, c'est que le jour où l'on peut dire : « Je suis comme Hitler et comme Gandhi, je suis comme ma mère et comme mon père » sans ressentir ni gêne ni honte, alors on est vraiment libre.

Cela est plus facile lorsque l'on comprend qu'accepter le fait que l'on possède toutes les caractéristiques, toutes les qualités et tous les défauts de l'Univers en soi n'implique pas que l'on va manifester tout cela concrètement.

Pour bien saisir cette notion, revenons à l'exemple d'Hitler. Posez-vous la question : « Quel genre de personne est Hitler ? Quel genre de personne faut-il être pour agir comme il l'a fait ? » Essayez de trouver la caractéristique principale que vous attribuez à Hitler. Est-ce que, selon vous, Hitler est d'abord un fou ou un être cruel, méchant, désaxé, raciste, frustré, mégalomane, malade ? Trouvez la caractéristique qui, selon vous, résume le mieux sa personnalité. C'est intéressant de faire cet exercice en groupe, car on constate presque toujours que la caractéristique dominante identifiée est différente pour chacun.

Quoi qu'il en soit, une fois celle-ci identifiée, demandez-vous honnêtement si vous l'avez déjà exprimée dans votre vie. Par exemple, si vous avez pensé à « cruel », cherchez à retrouver le souvenir d'une occasion ou, étant enfant, vous avez arraché les pattes d'un insecte ou encore où vous avez méchamment humilié un camarade de classe pour vous faire bien voir par d'autres élèves. Tout le monde, ou presque, a déjà fait preuve de cruauté, surtout pendant l'enfance.

La cruauté fait partie du bagage de manifestations humaines que nous possédons tous. Si, toutefois, vous n'arrivez absolument pas à identifier de situation précise où vous avez manifesté la caractéristique en question, essayez d'imaginer des circonstances où vous auriez pu le faire[10].

Visualisez, par exemple, une scène où vous êtes un enfant rejeté et souffre-douleur, victime de la cruauté des autres. Imaginez que vous souffrez terriblement de ce rejet. Puis, vous avez soudainement l'occasion d'intégrer le groupe de vos tortionnaires, d'en faire partie et ainsi ne plus en être victime, à condition de traiter à votre tour un autre camarade avec méchanceté. Ou encore, imaginez qu'une personne qui vient de torturer votre enfant se trouve soudain à votre merci.

Et si jamais il vous est complètement impossible d'imaginer faire preuve de cruauté envers qui que ce soit, quelles que soient les circonstances, demandez-vous alors de quelle manière vous faites preuve de cruauté envers vous-même ! Les personnes qui s'interdisent totalement et absolument la moindre manifestation, ou même pensée, méchante envers autrui sont d'ailleurs celles qui se traitent le plus durement.

Les nazis enfermaient les personnes qu'ils jugeaient indésirables à cause de leur « imperfection » dans des camps de concentration. Leur but était de les exterminer. Interrogez-vous sur ce que vous faites subir depuis des années aux parties de vous-même que vous jugez imparfaites et qui vous font honte ! Nous les enfermons, nous les privons de toute attention, nous faisons tout notre possible pour les exterminer ! Tout comme les nazis souhaitaient rayer de la face du monde les faibles, les handicapés, les « anormaux » et les gens qui ne correspondaient pas à leurs critères de beauté et de pureté, la plupart d'entre nous cherchons sans relâche à supprimer de nos vies tous les éléments qui représentent à nos yeux des tares ou des imperfections.

En démontrant un minimum de bonne foi, toute personne peut parvenir à se brancher aux parties d'elle qui recèlent le potentiel des plus belles qualités et des pires défauts, des plus beaux gestes et des pires atrocités, envers soi-même ou les autres. Nier l'existence en nous de ces caractéristiques, autant positives que négatives, fait de nous des êtres incomplets. Or, l'âme humaine aspire à retrouver toute sa complexité, à réintégrer toutes ses parties.

Les parties que nous renions avec le plus de véhémence, les ballons que nous tenons enfoncés avec l'énergie du désespoir, ne sont pas nécessairement les horribles défauts que nous attribuons aux Hitler de ce monde. Ce sont souvent plutôt les lacunes et les faibles insignifiances que nous sommes bien conscients de posséder qui nous font tant honte.

Je sais bien que, quelque part, je suis faible et dépendante. Cela m'a maintes et maintes fois placée en situation humiliante. Cela m'a valu de nombreuses, d'innombrables situations embarrassantes. C'est cela que je veux cacher, que je rejette le plus en moi, bien plus que le potentiel de cruauté que je suis consciente de posséder, mais qui ne représente pas pour moi une source d'humiliation.

Quelles sont vos plus grandes sources de honte ? Quels sont vos pires secrets, ce que vous ne voudriez jamais révéler au monde ? C'est là qu'il faut chercher, sans relâche, les parties de vous qui ont le plus besoin d'être consolées et guéries.

Le meilleur moyen de faire cela est d'amorcer un dialogue intérieur par un exercice de relaxation et de visualisation tiré de la psychosynthèse de Roberto Assagioli. Ces exercices et leur rôle dans l'exploration et l'intégration de soi sont expliqués en détail dans l'œuvre de Debbie Ford, en particulier dans son livre *La part d'ombre du chercheur de lumière*[11]. L'exercice suivant en est directement inspiré.

Respirez profondément, en imaginant que chaque inspiration laisse entrer de la lumière douce et chaude dans la région de votre cœur. Avec chaque expiration, visualisez que vous chassez de votre cœur toute la tension et tout le stress qui s'y trouvent. Inspirer et expirer comme cela plusieurs fois, en imaginant que vous vous trouvez dans un magnifique jardin dans lequel vous pouvez mettre toutes les plantes, toutes les fleurs et tous les animaux qui vous plaisent. Imaginez des oiseaux colorés aux chants harmonieux, peut-être un ruisseau ou un lac en bordure duquel vous circulez tranquillement. Ce jardin est votre sanctuaire intérieur. Vous vous y trouvez parfaitement en sécurité, protégé et en contact avec toute la sagesse de l'Univers. Prenez quelques instants pour vous détendre et profiter du calme et de la sérénité qui règnent dans votre jardin intérieur.

Pensez ensuite à l'un de vos pires défauts, à l'une des choses que vous aimeriez le plus changer en vous. Imprégnez-vous bien de cette énergie et du sentiment qui l'accompagne. Pour vous aider, rappelez-vous la dernière fois où vous avez manifesté cette caractéristique ou ce comportement et de la honte que vous avez ressentie. Invitez ensuite la partie de vous qui est porteuse de ce défaut, de cette caractéristique indésirable, à venir à votre rencontre.

Laissez alors monter en vous une image, l'image d'un être qui s'avance vers vous. Il peut s'agir d'une personne de n'importe quel sexe, enfant ou vieillard, ou encore d'un animal ou d'un être imaginaire, comme une Barbie, une licorne ou un fantôme.

Accueillez le personnage qui vient sans jugement. Ne laissez pas votre intellect vous dire que cela n'a aucun sens, que l'image ne correspond pas au défaut auquel vous pensez ou encore que c'est un être trop horrible pour faire partie de vous. Cette représentation appartient au langage de votre inconscient, bien différent de celui de votre intellect. C'est le même langage qui s'exprime dans vos rêves. Contentez-vous donc d'observer et de laisser venir à vous le personnage qui surgit de votre inconscient.

Invitez cette partie de vous à s'avancer plus près et demandez-lui de se présenter. Demandez-lui de vous dire son nom, un nom différent du vôtre. Il est important que ce nom soit distinct du vôtre afin de bien réaliser qu'il s'agit d'une partie de vous, certes, mais non de vous entièrement. Il est bien plus facile et sain d'admettre avoir une partie de soi qui est paresseuse ou menteuse que de s'y identifier totalement en disant : « Je suis un être paresseux ou un menteur. » Nous sommes constitués de l'ensemble de toutes nos parties, de toutes nos qualités et de tous nos défauts. Cependant, aucune de ces caractéristiques n'a, en réalité, plus d'importance que les autres dans la configuration de notre être réel.

Une fois cette partie de vous, ou sous-personnalité, bien en face de vous, demandez-lui ce qu'elle est venue vous communiquer aujourd'hui. Écoutez ce qu'elle a à vous dire, encore une fois sans porter de jugement.

Demandez-lui pourquoi elle est comme cela, ce qui lui est arrivé pour qu'elle devienne la personnification de ce défaut ou de cette caractéristique. Écoutez bien son histoire, qui vous fera sans doute réaliser pourquoi vous avez décidé, à un moment de votre vie, de tout faire pour ne plus exprimer cette caractéristique, pour ne plus être comme cela. Cela remontera fort probablement à un incident marquant de votre enfance ou de votre adolescence.

Demandez-lui d'où vient sa honte et ce que vous pouvez faire pour l'en soulager afin qu'elle accepte de devenir une partie de vous pleinement intégrée, qui cessera de se manifester dans votre vie de manière indésirable, soit dans vos propres agissements ou dans ceux de votre entourage.

Soyez très attentif à ce qui vous vient à l'esprit, à la première idée qui monte en vous, toujours sans juger et chercher à comprendre, en accueillant et en ouvrant votre cœur.

N'oubliez pas que cette partie de vous avec laquelle vous faites connaissance est, le plus souvent, une partie encore très jeune, une partie archaïque qui a encore des rêves d'enfant. Cette partie-là de vous n'a aucune autre ambition que de survivre et d'être bien. Elle est naïve, innocente. Pour elle, rien n'est plus important que d'avoir du plaisir, de ressentir de l'amour, de la sécurité. Il y a donc de fortes chances que ce qu'elle réclame de vous ressemble à ceci : accueil, amour, attention, sécurité.

Cependant, ces notions sont souvent trop vagues et nos bonnes intentions risquent de tomber rapidement dans l'oubli une fois la visualisation terminée. Il est donc important de demander à notre sous-personnalité de nous indiquer une action précise et concrète que nous pouvons accomplir pour elle dans les jours qui suivent. Cette action est très importante, car elle nous permettra d'ancrer dans la réalité le processus de guérison et d'intégration de cette partie de nous qui a trop longtemps souffert du rejet et de l'abandon.

Donc, si elle vous dit par exemple qu'elle a besoin d'attention et d'amour, demandez-lui quel geste concret vous pouvez faire dans les prochains jours pour lui manifester cette attention et cet amour. Demandez-lui de vous indiquer une action précise ou une pratique à mettre en place afin de combler son besoin et de l'apaiser. Il peut s'agir de n'importe quoi : téléphoner à une personne à qui vous n'avez pas parlé depuis longtemps, prendre un bain chaud avec des chandelles, aller vous acheter un beau vêtement, faire le ménage de votre placard, commencer à écrire un journal et y consacrer cinq minutes par jour, etc.

Encore une fois, évitez de juger ou de chercher à comprendre. Il n'y a pas de bonne ou de mauvaise réponse. Sachez seulement que si vous accomplissez cette action, cette partie de vous va effectivement se calmer, s'apaiser et cesser de nuire à votre vie. Dans cette action se trouve la clé de la guérison.

Il ne suffit pas d'avoir un dialogue avec les parties de nous rejetées. La pensée est stérile dans l'univers des pensées. C'est uniquement dans l'action que la pensée se concrétise. Il faut donc vraiment passer à l'action pour, en quelque sorte, manifester que nous cessons de les ignorer, que nous avons décidé de leur accorder enfin l'attention et l'importance dont elles ont besoin.

Il est donc crucial de tenir parole. N'oublions pas qu'il s'agit d'une partie de nous que nous avons toute notre vie reniée et repoussée. Il faut faire un effort pour regagner sa confiance. Si nous ne passons pas à l'action, si nous ne respectons pas la parole donnée, tout le processus pourrait avoir l'effet contraire, c'est-à-dire renforcer la conviction de cette sous-personnalité que nous ne sommes pas dignes de confiance et alimenter encore plus sa révolte.

Faisons confiance au fait que l'action demandée ne sera jamais néfaste ou irréaliste. Cet exercice est un acte d'abandon, de confiance en la vie ! N'oublions pas que toutes les réponses obtenues dans ce processus viennent de notre cœur, de notre sagesse intérieure. Or, notre sagesse intérieure ne nous demandera jamais de commettre des actes susceptibles de nous nuire, de nous mettre dans l'embarras. Jamais elle n'exigera de nous que nous allions dans les magasins remplir nos cartes de crédit ou que nous fassions un geste nuisible pour nous ou les autres. C'est toujours notre ego qui a ce genre de besoin.

Par contre, il est fort possible que l'action demandée semble n'avoir aucun sens logique. L'intuition ne parle pas le langage de la logique. La logique vient de l'intellect, du mental. Or, le mental ne peut prendre de décision qu'à partir de ce qu'il connaît, c'est-à-dire du passé. L'intuition, quant à elle, a accès à une autre dimension, celle du possible, de la sagesse universelle, du monde spirituel. Les solutions qu'elle propose sont donc les plus susceptibles de nous permettre de briser les chaînes que représente justement notre passé.

Einstein a dit : « Le mental intuitif est un don sacré et le mental rationnel est un serviteur fidèle. Nous avons créé une société qui honore le serviteur et a oublié le don. »

Cet exercice d'écoute de notre intuition et d'exécution d'actions dont la signification échappe à notre logique est assez étrange au début. Cependant, lorsque vous en tenterez l'expérience, vous constaterez très vite les résultats spectaculaires que cela apporte. Cela renforcera votre confiance et, d'une fois à l'autre, le processus sera de plus en plus facile.

Pour les personnes qui sont habituées à chercher des réponses dans leur tête, intellectualiser les problèmes est complexe, mais facile. Passer à l'action, par contre, est simple, mais difficile. Pourtant, la véritable guérison ne s'effectue que dans l'action.

b) L'acceptation de sa totalité

> « Plus l'humanité s'éloigne de ses origines, plus nous nions notre lien avec la nature, plus nous nous éloignons de la perfection. »
>
> — *Esoteric Agenda*

> « Dieu réside en moi en tant que moi. »
>
> — Elizabeth Gilbert, *Mange, prie, aime*

Une fois que l'on s'est rendu à l'évidence, lorsque l'on réalise que l'on est tout et que ces caractéristiques honteuses que l'on a tenté toute notre vie d'éradiquer sont bien présentes en nous, on arrive à l'étape où l'on doit reconnaître qu'un enfant de trois ou quatre ans plein de honte mène notre vie. Si vous éprouvez de la difficulté à seulement admettre que vous portez tel ou tel affreux défaut potentiellement en vous, même sans le manifester dans le monde extérieur, il est nécessaire de vous remémorer encore et toujours que vous êtes tout.

Le défaut en question, vous ne le manifestez peut-être jamais, mais vous le portez nécessairement si vous possédez toutes les caractéristiques d'un être humain et divin ! L'âme humaine aspire inlassablement à l'unité, au retour vers l'état divin, vers le paradis originel. L'âme humaine est comme un ciel étoilé où brillent des milliers d'étoiles de toutes les formes et de toutes les couleurs. Chacune de ces étoiles est une source de lumière qui, lorsqu'elle s'ajoute aux autres, vient illuminer le ciel infini. Lorsque l'on veut couvrir l'une de ces étoiles pour l'empêcher de briller, on empêche aussi le ciel de resplendir dans toute sa majesté.

Mais, direz-vous, comment puis-je comparer un vilain défaut comme l'hypocrisie à une étoile qui brille au firmament ? C'est que chaque défaut, chaque qualité, chaque caractéristique humaine éclaire une portion particulière du ciel qu'est l'âme humaine et cette portion ne saurait être mise en lumière autrement.

Lorsque je ressens de la jalousie, par exemple, cela me permet d'entrer en contact avec une partie de moi qui, sans cette jalousie, demeurerait inconsciente. Lorsque je l'accepte et que je l'accueille, lorsque je l'interroge et l'écoute, cette émotion qu'est la jalousie vient éclairer une partie de mon être dont les besoins ne sont pas comblés. Je ne serais pas jalouse de la belle maison de ma voisine si j'étais moi-même heureuse et épanouie dans ma propre maison et dans ma propre vie. Ressentir et accueillir ma jalousie me renseigne sur l'état de mon être, sur un manque, sur un besoin et me fournit des pistes sur la manière d'y répondre.

Dans l'exemple cité, même si je ne peux pas changer de maison et même si en fait je ne le souhaite pas, j'ai toujours la possibilité d'entrer en contact avec la partie de moi qui se fait entendre par la jalousie, de comprendre ce qui lui manque et de lui fournir autrement ce qui pourrait combler ce besoin. Peut-être ai-je simplement besoin de faire le ménage et de me débarrasser d'objets inutiles qui encombrent mon espace et font que je ne me sens plus bien chez moi. Ou alors, je peux réaliser que j'ai en fait besoin de passer plus de temps à l'extérieur de mon foyer, parce que je travaille à la maison et que j'en viens à étouffer dans mon univers trop étroit.

Quoi qu'il en soit, le seul fait de prendre conscience de ma frustration et d'agir pour combler un besoin qui était auparavant ignoré suffira à me redonner confiance en moi-même. Le plus souvent, ces parties de nous qui s'expriment par la frustration et les émotions négatives n'ont besoin que d'un peu d'attention et de bonne volonté pour s'apaiser et aller mieux. La jalousie, la colère, la cupidité, l'orgueil, l'égoïsme représentent la foule de phares dont se sert l'âme humaine pour attirer notre attention et exprimer un manque, une souffrance, une blessure.

Lorsque nous les ignorons, lorsque nous les renions et les refoulons, lorsque nous avons honte de les ressentir, nous nous privons de leur lumière et nous continuons à nous infliger la même blessure d'humiliation qui nous a tant fait souffrir pendant l'enfance.

À partir du moment où nous acceptons la prémisse que nous sommes composés de tout ce qui existe, que nous portons en nous toutes les qualités et tous les défauts, que nous avons besoin de toutes ces parties pour nous réaliser pleinement, que cela est bien conforme au dessein qui fait que nous sommes bel et bien créés à l'image et à la ressemblance du divin, les jugements que nous portons sur nous-mêmes et sur les autres deviennent bien relatifs.

D'abord, nous avons déjà expliqué que tout ce qui nous déplaît vivement chez l'autre s'explique par le mécanisme de projection. On méprise toujours en autrui ce que l'on rejette chez soi. Il convient donc toujours de regarder en soi lorsque quelque chose déclenche une réaction forte.

En entrant à l'intérieur de soi et en allant à la rencontre de la sous-personnalité qui est porteuse de l'émotion qui monte devant une personne antipathique, on peut assez facilement arriver à désamorcer cette antipathie. Il ne sert à rien de résister. Faire semblant que l'émotion négative n'existe pas est vain. Ce à quoi l'on résiste persiste. Je connais des dizaines de personnes qui ont travaillé pendant des années pour tenter de corriger un de leurs affreux défauts, ou de se débarrasser d'un mauvais penchant, sans grand succès. Pourtant, après le simple exercice décrit précédemment pour aller à la rencontre de la sous-personnalité qui se cachait derrière, elles ont réussi à l'apaiser et à s'en faire une alliée en quelques minutes.

Chacune de nos sous-personnalités est porteuse d'un cadeau. Lorsque nous avons découvert ce cadeau, il est encore plus facile d'apprécier ce que nous sommes et de faire la paix avec notre être profond. Le cadeau de notre colère est l'énergie qui nous donne la force de faire bouger les choses. Notre peur, en tant que réaction physiologique à une menace, nous avertit lorsque c'est le moment de nous protéger. Notre désir de posséder nous permet de nous assurer de ne manquer de rien. Notre rébellion a fait en sorte que notre âme a pu survivre à l'autorité abusive et à la tyrannie de l'humiliation. Notre sentiment d'inadéquation nous a poussés au dépassement. Il suffit d'en prendre conscience et de réaliser qu'il s'agit là d'outils dont nous pouvons nous servir au besoin afin d'éviter qu'ils prennent le contrôle de notre personnalité au plus mauvais moment, en réaction à la peur et au sentiment de manque. Ce n'est que lorsque nous rejetons ces sous-personnalités qu'elles se manifestent de manière pathologique.

Tous nos vilains défauts, ces penchants qui nous font tant honte, nous permettent souvent de développer la force opposée. Le sentiment que j'ai éprouvé étant enfant de n'avoir aucun contrôle sur ma vie et d'être une pauvre victime des autres a fait que je suis aujourd'hui devenue une femme autonome et organisée. Pour ne pas sombrer dans la paresse qui a toujours été ma tendance naturelle, je suis devenue trop performante et j'ai goûté l'épuisement. Aujourd'hui, j'ai compris que la paresse est également une caractéristique précieuse à cultiver. Maintenant que j'ai intégré ma partie fainéante et paresseuse, je peux goûter les plaisirs du farniente sans culpabilité et donner congé à ma partie performante. Par contre, quand le moment est venu de me mettre au travail et de respecter mes engagements, cette dernière est toujours aussi précieuse. Faire la paix avec la paresse ne m'a pas rendue moins performante. En fait, elle m'a rendue plus performante parce que je sais dorénavant doser mes efforts au lieu de dilapider mes énergies constamment à droite et à gauche afin de prouver au monde et à moi-même que je ne suis pas paresseuse.

Toutes ces parties sont comme des personnages qui ont leur personnalité propre. Il est intéressant de faire l'exercice de raconter leur histoire afin, d'une part, de prendre conscience des émotions qu'ils véhiculent et, d'autre part, de leur accorder l'attention dont ils ont besoin pour s'apaiser. Par exemple, il y a en moi une sous-personnalité que j'appellerai Oliver Twist. Je le visualise comme un petit galopin à casquette, au visage barbouillé, qui ne pense qu'à une chose : chaparder, voler, s'approprier de la nourriture parce qu'il a tout le temps faim.

Il est toujours affamé parce qu'on l'a trop privé. En effet, quand j'étais petite, ma mère m'interdisait de manger les friandises auxquelles les autres enfants de mon âge avaient accès. Elle cachait les sucreries pour éviter que j'en mange, convaincue que c'était la meilleure solution pour ma santé. Oliver personnifie la frustration que je ressentais par rapport à cela. On lui interdisait de manger ce qu'il ne volait pas. C'est lui qui réussissait à piquer des biscuits sous le lit de maman, dans sa cachette personnelle. Il volait du chocolat et des bonbons dans les dépanneurs. Il décollait de la gomme à mâcher sur le trottoir pour la manger. Il se cachait ensuite dans les toilettes pour engloutir son butin.

C'est évidemment un côté de moi qui m'a poussée à faire de nombreuses choses dont je ne suis pas fière. Mais, aujourd'hui, je dois faire la paix avec lui. Je choisis de faire la paix avec lui parce que je sais que, d'une part, il ne me laissera pas avoir l'alimentation que je souhaite pour ma santé tant que je vais lui résister.

Ce à quoi l'on résiste persiste. Si je continue à le voir comme mon ennemi, comme la partie de moi qu'il faut détruire, éliminer, je ne fais que reproduire les mauvais traitements que m'a infligés ma mère. Je reproduis le modèle.

On entend dire que les enfants victimes de sévices divers risquent de devenir, à leur tour, des agresseurs qui reproduisent ce qu'ils ont subi. D'une part, c'est heureusement loin d'être toujours le cas et d'autre part, on a énormément de difficulté à comprendre et à admettre cela.

Ce qui est, par contre, presque toujours vrai, c'est que les êtres qui ont connu des sévices durant leur enfance (qu'il s'agisse de violence physique, morale ou sexuelle, de négligence ou d'abandon) ressentent toujours de la honte, la honte et la culpabilité de la victime. À cause de cela, ils font subir à eux-mêmes, aux parties d'eux-mêmes à qui ils ont imputé la responsabilité de leur malheur, la même chose qu'ils ont subie. L'enfant maltraité devient presque toujours son propre bourreau.

Ma mère rejetait son « Oliver » intérieur ; elle a donc automatiquement rejeté la partie de moi qui lui ressemblait, que nous avons tous. Par la suite, j'ai moi aussi rejeté cet enfant sale et chapardeur. Aujourd'hui, je dois le réintégrer, l'accueillir dans la grande famille d'êtres aux qualités diverses qui constituent la totalité de ce que je suis. Pour arriver à l'accueillir, il me faut retrouver ses qualités, le cadeau que son existence m'a apporté et le rôle positif qu'il jouera dans ma vie, si je l'autorise à prendre sa place et à s'exprimer. Qu'a-t-il donc pu m'apporter de bien, de positif, ce gamin sale, menteur, voleur et compulsif ?

Eh bien, il a certainement contribué à la survie de mon âme ! Comme Oliver (le vrai !) qui volait pour assurer la subsistance d'autres orphelins qui partageaient son triste sort, mon âme serait morte par manque de plaisir sans lui. Sa rébellion quant au régime militaire que tentait de m'imposer ma mère et à la rigidité absolue d'autres parties de moi qui souffrent de dépendance au contrôle m'a empêchée de m'éteindre complètement.

Oliver, un des (nombreux !) délinquants en moi, a assuré que je conserve l'envie de vivre par sa capacité à m'apporter de la nourriture qui me procurait du plaisir. Après tout, j'ai survécu, je suis bien là, encore vivante, et je suis aujourd'hui en train de réaliser les désirs de mon âme. Sans lui, je serais éteinte. Toutefois, je ne peux pas non plus laisser un petit voleur de rue affamé diriger ma vie. Il risque de s'approprier et d'engouffrer tout ce qui peut lui tomber sous la main. Il faut que le capitaine dirige le navire, qu'il soit en mesure de faire des choix conscients et éclairés.

Je dois donc négocier avec Oliver, lui demander quel est le cadeau qu'il souhaite apporter à ma vie et ce qui lui permettrait de s'apaiser. Il est ouvert au dialogue, comme le sont généralement la plupart des parties de nous lorsque l'on daigne enfin leur accorder de l'attention. Déjà, elles se calment, uniquement parce que l'on cesse de les repousser, de les rejeter, de les ignorer.

Oliver est donc content et me promet de ne plus m'embêter, si seulement je prends la peine de l'écouter et de raconter son histoire dans ce livre. Il me fait réaliser que son petit côté délinquant a régulièrement apporté de la fantaisie dans ma vie. Il est important parfois de se rebeller contre l'autorité afin de poursuivre sa propre voie. Je comprends qu'en effet, je lui dois beaucoup. Sans lui, je serais probablement éteinte dans cet état de résignation tranquille dont j'ai parlé précédemment. Je lui promets de ne plus tenter de l'éliminer, mais plutôt d'aller voir ce qui provoque ses manifestations intempestives. Comme lors d'un accès de fièvre, il y a toujours une cause sous-jacente que l'on aurait tort d'ignorer. Une fois ces engagements respectés, Oliver pourra dorénavant « faire partie de mon équipe » et enrichir ma personnalité de sa débrouillardise et de sa résilience, au lieu de saboter mes projets.

À un très jeune âge, la plupart des gens ont enfermé à double tour l'enfant hyperactif qui existe en chacun de nous. On l'a fait pour éviter le rejet et l'humiliation, parce qu'il ne savait vraiment pas se conduire. Il était exaspérant, sans cesse à courir et à sauter à droite et à gauche. En plus, comme tous les enfants, il était fouineur et fourrait son nez partout. Il dérangeait vraiment ses parents, qui le repoussaient sans arrêt parce qu'ils avaient tellement de préoccupations plus importantes. Papa et maman étaient excédés par le comportement du petit diable qui, lui, ne voulait qu'une chose, que papa et maman l'aiment et lui accordent de l'attention. On a alors décidé de se dissocier du petit diable et de l'enfermer.

Il s'avère que la petite peste reste souvent cachée au fond de nous pour le reste de notre vie, comme une maladie honteuse que l'on nie. Ce que l'on ne réalise pas, c'est qu'en enfermant ces petits « tannants », on a refoulé toute la puissance, la fougue et l'enthousiasme qu'ils portent en eux.

On se retrouve ensuite, à l'âge adulte, trop souvent devant un manque d'énergie, sans comprendre pourquoi. L'énergie qui nous manque, c'est véritablement l'énergie du cœur, la force vitale de l'enfant qui s'enthousiasme de toute chose, qui fonce, qui court, qui rit, qui crie dans un élan spontané de joie, libre de toute peur.

L'enthousiasme, du grec *in theos*, signifie « avec Dieu » dans le sens d'« avec la flamme divine ». Lorsque notre flamme divine est étouffée, nous nous contentons d'exister. On avance peut-être sans déranger, mais aussi sans inspirer, sans s'inspirer soi-même. Lorsque l'on avance avec enthousiasme, tout est différent. On est comme porté. L'effort devient tellement moins pénible et le fardeau, moins lourd.

c) La réinterprétation des expériences

« Sonnez les cloches qui peuvent encore sonner. Oubliez vos offrandes parfaites. Il y a une fissure en toute chose. C'est par là qu'entre la lumière[12] »

— Leonard Cohen, *Anthem*

> « Un porteur d'eau en Inde portait deux pots attachés à chacune des extrémités d'une perche. Chaque jour, il devait mettre la perche sur ses épaules pour porter l'eau du ruisseau à sa maison. Un des pots était fissuré et laissait l'eau s'échapper. L'autre était parfait. Un jour, le pot fissuré se mit à parler de sa honte au porteur d'eau et à demander pardon de laisser l'eau s'égoutter alors que l'autre pot n'avait jamais perdu une goutte. Le porteur d'eau répliqua au pot : "C'est vrai, tu es fissuré et tu ne transportes pas l'eau aussi bien que ton frère. Cependant, tu as une aptitude qu'il n'a pas. As-tu remarqué qu'il y a des fleurs de ton côté du chemin, mais pas du côté de l'autre pot ? C'est parce que j'ai toujours su à propos de ton défaut et que j'en ai profité. J'ai planté des graines de ton côté du chemin et tu les as arrosées chaque jour pendant que nous revenions du ruisseau." »
>
> — Anonyme

On peut aller encore plus loin et dire que tous les événements de la vie, même les plus tragiques, sont porteurs de cadeaux. Bien sûr, cela n'est pas toujours évident sur le coup. Pourtant, quand nous accueillons ce que nous sommes et ce qui nous arrive avec le cœur et l'esprit ouverts, nous parvenons assez rapidement à découvrir le présent qui s'y cache.

Une séparation ou la perte d'un emploi peut nous pousser à réorganiser notre vie d'une manière qui nous rendra éventuellement plus heureux et nous permettra de nous réaliser pleinement. La maladie ou la perte d'un être cher a permis à de nombreuses personnes d'abandonner une existence superficielle, qui avait perdu tout intérêt, pour découvrir le vrai sens de leur vie.

L'interprétation des expériences est une question de choix. Pour sortir du piège de la honte et de la victimisation, il est impératif d'apprendre à le faire consciemment. On doit décider d'arrêter de blâmer les autres et de se blâmer soi-même, cesser de taper sur l'ego qui commet toutes ses erreurs parce qu'il cherche à assurer la survie. Il est temps de comprendre que l'on peut toujours faire des choix différents, à partir d'aujourd'hui.

Toute expérience humaine peut donner lieu à de multiples interprétations. Ainsi, la jeune femme qui se promène sur la rue et se fait siffler par des travailleurs de la construction peut y voir un compliment et se sentir valorisée par l'expérience. Par contre, si cela se produit lors d'une « mauvaise journée », une journée où elle se sent grosse et moche, elle pourra au contraire se sentir humiliée, convaincue que ces hommes cherchent à la rabaisser.

Il nous est tous déjà arrivé d'essayer un vêtement que nous trouvions magnifique dans la vitrine et de nous apercevoir qu'il a l'air affreux une fois sur notre corps. Devant un tel constat, quelle est votre réaction ? Une personne qui fonctionne et réagit par la honte et le ridicule aura comme premier réflexe de se taper sur la tête et de s'humilier une fois de plus. Personnellement, me traiter brutalement de « grosse vache » a longtemps fait partie de mes réactions premières.

Aujourd'hui, je réalise que j'ai le choix. En fait, devant toute situation désagréable et potentiellement humiliante, il y a toujours trois types de réactions possibles :

1. C'est moi qui ai tort, qui ne suis « pas correcte », qui suis inadéquate.

2. C'est l'autre partie qui est à blâmer.

3. Il n'y a ni bien ni mal, c'est juste une expérience. Cette situation m'offre une occasion parfaite d'apprendre, de grandir, d'évoluer.

Dans l'exemple du vêtement, le premier réflexe de l'enfant humilié que l'on porte en soi est évidemment de se blâmer. « Je suis trop grosse, trop maigre, trop grande, trop petite. J'ai des seins trop gros ou trop menus, des fesses trop plates ou trop rebondies. » Je ne suis pas adéquate, je me juge, je me blâme, je me tape sur la tête, je m'humilie, je me ridiculise pour avoir même osé espérer qu'une pareille tenue m'irait.

Cependant, cette interprétation est un choix. C'est un choix le plus souvent inconscient, un scénario programmé par des années d'humiliation infligée par les autres d'abord, puis par soi-même.

À partir du moment où je réalise que c'est un choix que je fais chaque fois, le processus devient conscient. Je peux dès lors décider de donner à l'événement une interprétation différente. La seconde solution, soit blâmer l'autre partie, représente déjà une meilleure solution que la première.

Je choisis alors de me dire systématiquement que je suis très bien comme je suis et que c'est la robe le problème. Je décide donc que c'est celle-ci qui est « mal foutue ». C'est, de toute évidence, une robe coupée pour un corps de fille de seize ans, alors qu'elle fait partie d'une collection pour femmes mûres. Cette robe, c'est de la fausse représentation ! Le monde de la couture et la société refusent le corps des femmes de plus de trente ans tel qu'il est. C'est une évidence. Il faut dénoncer, il faut s'opposer, il faut se battre.

Pour la personne qui a passé la majeure partie de sa vie à s'humilier et à se blâmer de tout, choisir de prendre sa propre défense envers et contre tous représente déjà un progrès considérable. Par contre, dans le cas où le conflit est avec une personne, son conjoint par exemple, et non pas avec un objet inanimé comme une robe, le choix de donner systématiquement tort à l'autre partie n'est pas très constructif.

Bien que cela constitue une étape souvent nécessaire à sa guérison, ce second choix place tout de même la personne dans une position de victime. Cette fois, elle n'est plus victime d'elle-même et de blessures auto-infligées, mais elle devient victime de l'autre, de la « conspiration des couturiers gais qui haïssent le corps de la femme » ou du mari qui ne l'apprécie pas à sa juste valeur.

Bien des gens qui travaillent sur l'estime d'eux-mêmes bloquent à cette seconde étape. C'est aussi la pierre d'achoppement de nombreuses thérapies où le patient peut passer des années entières à se défouler en se plaignant de papa, de maman, des frères et sœurs, du conjoint et des enfants sans jamais véritablement arriver à améliorer concrètement sa vie et à tisser des relations épanouissantes avec son entourage.

Quand on voit le monde sur le plan de bourreaux et de victimes, il est difficile de croire que l'on a un véritable pouvoir sur les choses et sur son existence. Cela encourage également la peur et ne favorise guère la confiance en soi, en l'autre et en la vie. Cela nous amène donc à aborder la troisième possibilité, celle où il n'y a ni bien ni mal, ni bourreau ni victime.

La robe ne me va pas. J'en fais la constatation et je choisis de n'en tirer aucune conclusion négative, ni à mon sujet, ni au sujet de la robe, ni au sujet de ceux qui l'on conçue. Cette robe, que je trouvais belle en vitrine, ne me va pas aujourd'hui, en ce moment. Je le constate et je trouve cela dommage. C'est simplement une « mauvaise paire », une incompatibilité. Il n'est pas nécessaire que l'une ou l'autre des parties ait tort, n'est-ce pas ? De plus, je peux profiter de cette expérience pour apprendre quelque chose, pour en tirer une leçon.

De toute expérience, même négative, je peux comprendre quelque chose qui me sera utile pour l'avenir. L'essai de cette robe peut me permettre de mieux connaître mon corps et les coupes qui le mettent en valeur. Je peux retenir qu'une certaine gamme ou un certain type de vêtements ne me convient pas, ce qui m'évitera de perdre un temps précieux à faire des essayages inutiles à l'avenir. Je peux observer que cette couleur, si jolie dans la vitrine, n'est vraiment pas « dans ma palette ».

On peut extrapoler de cet exemple banal à toutes sortes d'autres situations. Vous n'avez qu'à remplacer l'essayage de vêtements par l'entretien pour un emploi, la visite à la banque pour un prêt ou le premier rendez-vous. Bref, quelle que soit l'expérience, on peut toujours choisir de ne pas en avoir honte et de ne blâmer personne, ni soi ni les autres. On peut décider de la voir comme une occasion de grandir, d'apprendre, de se perfectionner, d'évoluer.

Ma mère adorait les marguerites. Pour elle, c'était une charmante fleur avec laquelle elle s'empressait de faire un bouquet. D'autres y voient une mauvaise herbe dont il faut se débarrasser. Pourtant, il s'agit de la même fleur, de la même plante qui charmera l'un et déplaira à l'autre. L'interprétation de nos expériences est donc matière de choix. On sous-estime souvent l'importance de tels choix. Cependant, ce pouvoir peut changer notre vie. La vie nous offre constamment des occasions de faire ces choix, de réinterpréter nos expériences et d'y chercher le cadeau, en toute circonstance.

Ainsi, récemment, j'ai vécu un incident banal qui m'a replongée dans les affres du sentiment d'humiliation de mon enfance. Lorsque j'ai rencontré pour la première fois la tante d'une amie dont j'ai souvent entendu parler en bien, je me suis mis les pieds dans les plats. Mon amie m'avait confié à quel point elle aimait cette tante qui lui rappelait tellement sa chère grand-mère décédée. Je lui ai donc tendu la main avec enthousiasme en m'exclamant avec un grand sourire: « Ah, c'est vous, la vieille tante favorite de mon amie Julie ! » C'était une remarque spontanée, chaleureuse, totalement irréfléchie. Elle m'a répondu, assez étonnée: « Comment cela, vieille ? Je ne suis pas si vieille ! »

C'est alors que j'ai réalisé que cette remarque pouvait être mal reçue. À cinquante ans, je me suis immédiatement sentie prise en flagrant délit de grossièreté. J'ai tout de suite tenté de m'expliquer et présenté mes excuses en rougissant, ce à quoi la gentille tante a répondu: « Ce n'est pas grave », en riant. Le pire, c'est que je devais partir sur-le-champ pour l'aéroport et que je n'avais pas le temps de me reprendre, de corriger cette première impression que je considérais comme lamentable. Comme toujours, mon premier réflexe est de me juger avec la plus impitoyable sévérité.

Cet incident banal m'a hantée pour le reste de la journée. Que pense-t-elle de moi ? Que pensent les gens qui ont été témoins de l'incident ? Quels commentaires feraient-ils à mon sujet à ma grande amie et à sa famille ?

La honte qui m'envahit est évidemment totalement hors de proportion par rapport à l'incident. La tentation est forte pour moi de me taper sur la tête comme on me l'a certainement trop fait pendant mon enfance. « Quelle idiote ! Tu n'apprendras donc jamais à te la fermer ? Tourne sept fois ta langue dans ta bouche. Tu n'as pas encore compris cela ? Vraiment, toi, tu ne rates pas une occasion de dire des conneries. »

Si je sombre dans la spirale de la honte, je suis foutue. Je travaille depuis des années pour arriver à me sentir libre d'exprimer qui je suis et il suffit d'un incident aussi insignifiant pour me replonger en plein cauchemar. Heureusement, tout ce travail sur moi n'est pas vain. Je me ressaisis et je tente d'abord de voir le cadeau que cette « gaffe » peut m'offrir.

En fait, cela tombe bien. Je suis en train d'écrire ce livre sur la honte et la peur du ridicule et je m'apprête à passer quatre heures en avion ! Quelle merveilleuse source d'inspiration pour occuper ces moments et composer un chapitre de mon livre ! Avec cet exemple tout frais à mon esprit, je vais pouvoir décrire en détail le mécanisme qui s'enclenche et comment on peut le déjouer et tirer profit de l'expérience.

Il me faut d'abord prendre du recul et examiner les événements de manière objective, comme s'il s'agissait de quelqu'un d'autre. Cela permet de distinguer les faits du scénario catastrophe que je me suis fait dans ma tête. Que s'est-il donc réellement passé ? Je suis une personne chaleureuse d'une nature spontanée. Lorsque je rencontre quelqu'un de nouveau qui m'apparaît sympathique, ma tendance naturelle est de me comporter comme un chiot un peu trop amical. Je me précipite avec un grand sourire et je salue la personne avec enthousiasme. Cependant, comme un jeune chien qui saute sur les gens avec les pattes sales, il arrive parfois que ma spontanéité me joue des tours. Disons que la notion de ce qui se fait et de ce qui se dit, ou pas, n'est pas innée chez moi. Ma nature est chaleureuse, spontanée, ouverte et expressive. Toutefois, le tact, la diplomatie, la délicatesse et la réserve ne me viennent pas naturellement.

Malheureusement, ces qualités dont je suis pourvue en abondance étaient vues plutôt comme des défauts par ma mère qui, par ses méthodes d'« éducation », tentait par tous les moyens de les réprimer. À l'opposé, les qualités qui ne se manifestent pas spontanément chez moi sont parmi celles qu'elle appréciait le plus. Après tout, certaines personnes préfèrent l'énergie en subtilité des chats à l'énergie exubérante des chiens.

Ce matin-là, encore une fois, j'ai agi en « chien » et j'ai mis un peu de boue virtuelle sur les vêtements blancs d'une dame devant qui maman aurait voulu que je fasse bonne impression. Mon premier réflexe est de me taper sur la tête, de me gronder et de m'humilier comme l'aurait fait ma mère. Quoi de plus normal ?

Mais, il faut vite me reprendre pour éviter de tomber dans ce piège qui risque une fois de plus de renforcer ma croyance profonde que je ne suis « pas correcte », que je suis inadéquate, que je suis mauvaise et que je dois à tout prix le cacher au monde.

Remettons les choses en perspective : je suis ce que je suis et il n'y a rien de mal à être un chiot amical un peu maladroit plutôt qu'un chat imperturbable et distant. C'est bien connu, certaines personnes aiment les chiens, quoi qu'ils fassent, et certaines personnes ne les aiment pas. C'est pareil pour les chats. De plus, les chats aussi font des gaffes, comme renverser les plantes, mais se sauvent généralement en hypocrites. Et vlan pour les chats !

Donc, j'ai été chaleureuse et spontanée et j'ai fait une gaffe, une bien petite gaffe, au fond. J'en ai souvent fait de bien pires ! Si la gentille tante est plutôt du «type chien», elle en sera amusée. Et si elle est du type chat, eh bien, je n'y peux rien du tout ! J'aurais eu beau réaliser une parfaite imitation de chat lors de cette première rencontre, jamais je n'aurais pu dégager la bonne énergie pour lui plaire.

Puis, franchement, qu'est-ce que j'en ai à faire qu'elle m'aime ou non ? Je ne la reverrai peut-être jamais de ma vie ! Sa nièce est ma grande amie depuis des lustres et ce n'est certainement pas l'opinion de sa tante qui y changera quoi que ce soit. Par contre, une chose est certaine : si je ne suis ni chien ni chat, je ne plairai à personne et surtout pas à moi-même.

Je réalise encore une fois à quel point cette peur du ridicule et de l'humiliation est un piège dans lequel je me suis enfermée trop longtemps. La peur du ridicule tue vraiment ! Elle tue l'âme et fait de nous des morts vivants avançant dans la vie à petits pas, occupés à observer la réaction de tout un chacun dans le but de rajuster le tir pour chercher à plaire à des gens qui, de toute façon, vont nous aimer ou pas en fonction de critères qui n'ont rien à voir avec nous.

Cela nous ramène à l'origine de la honte. La honte naît de l'aspiration de l'ego à la perfection absolue, perfection qui équivaudrait, selon lui, à être le meilleur en tout. Or, la véritable perfection est en fait l'harmonie de la combinaison des imperfections qui donne une recette unique. Je suis parfaite en étant comme je suis, car je peux apporter une contribution unique au monde.

L'athlète olympique qui inspire des millions de personnes en poussant plus loin les limites de la machine humaine possède des dons que je n'ai pas et joue un rôle différent du mien. Pourtant, il n'est ni plus ni moins parfait que moi.

D'abord, il est peut-être incapable d'écrire un livre comme je le fais. Même s'il devenait éventuellement auteur, jamais il n'écrirait le même livre que moi, entre autres parce que la honte de mes limites physiques et les nombreuses humiliations qu'elles ont engendrées sont parmi mes plus importantes sources d'inspiration. Notre valeur réside totalement et uniquement dans notre unicité et non dans une soi-disant perfection inaccessible.

En ouvrant sa conscience, on peut d'ailleurs facilement trouver des exemples où la valeur d'un objet vient justement de son imperfection. Pour les collectionneurs de monnaie et de timbres, rien ne vaut davantage que la pièce extrêmement rare qui comporte une erreur et qui a vite été retirée du marché parmi les milliers de pièces parfaites.

La plupart des races de chiens qui ont aujourd'hui une grande popularité sont descendants de sujets imparfaits, d'accidents génétiques. D'ailleurs, la science nous enseigne que toute l'évolution se serait produite de cette façon. Si la nature se contentait d'engendrer des répliques parfaites et identiques des parents, l'Univers serait bien statique et ennuyant.

Lorsque l'on souhaite se libérer de ses chaînes et donner à sa vie un nouvel envol, il ne suffit pas d'apprendre à apprécier toutes les facettes de sa personnalité. Il faut également prendre la décision de réinterpréter les ennuis et même les épreuves qui se produisent. C'est le seul moyen de se réapproprier son pouvoir.

Un sage a dit : « Quand la vie te donne des citrons, fais-en de la limonade. » Certains penseront que c'est peut-être trop naïf de croire que l'on peut transformer toute expérience, si négative soit-elle, en source de sagesse, d'inspiration ou de créativité. Pourtant, lorsque l'on extrait le cadeau, la leçon, la perle de sagesse qui se trouve au cœur de toutes nos expériences, même les plus humiliantes ou douloureuses, on en ressort grandi et on renonce au rôle de victime pour prendre en main les rênes de sa destinée.

Un jour, lors d'un atelier, j'ai fait la connaissance d'une jeune femme qui m'a impressionnée par sa joie de vivre et la lumière qu'elle dégage. Elle projette l'image d'une personne épanouie, équilibrée et inspirante. À un moment donné, elle a fait part au groupe des expériences de son enfance. Son récit était une véritable histoire d'horreur. Négligence, violence, sévices sexuels, tout ce que vous pouvez imaginer de plus horrible quand vous pensez à un enfant maltraité, elle l'a vécu et pire encore.

J'étais bouche bée. Non seulement elle ne projetait pas du tout l'image d'une personne ayant subi de tels traumatismes, elle dégageait au contraire exactement l'opposé. Pendant une pause, je suis allée bavarder avec elle pour tenter de faire sa connaissance et mieux comprendre le phénomène. Elle m'accueillit avec toute la bienveillance à laquelle je m'attendais, étant donné l'ouverture qu'elle manifestait depuis le début de l'atelier. Je lui ai fait part de mon étonnement devant son attitude positive et son évidente joie de vivre. Sa réponse est restée depuis ce temps gravée dans ma mémoire: « Mon enfance, c'est de la merde de A à Z. J'ai longtemps été très malheureuse et perturbée. Puis, un jour, je me suis dit: "J'ai deux choix, soit je vois cette merde comme un déchet qui m'empoisonne l'existence, soit j'en fais de l'engrais." J'ai décidé d'en faire de l'engrais et de m'en servir pour faire pousser de belles choses dans ma vie. »

La décision de cette magnifique jeune femme a transformé son existence. Plutôt que de se voir comme une victime, comme une personne qui avait toutes les excuses pour s'apitoyer sur son sort et se complaire dans une vie d'échecs et de désillusions, elle a décidé qu'elle avait le choix.

Nous avons tous le choix. Chacun d'entre nous vit des épreuves, chacun d'entre nous subit des échecs et des revers, chacun d'entre nous a le cœur brisé bien des fois. C'est la manière dont nous choisissons d'interpréter ces événements et situations qui fera de nous un être fort, créateur, inspirant ou une éternelle victime.

La bonne nouvelle, c'est que cette décision n'est pas finale. On peut la changer n'importe quand. Je me suis vue comme une victime de ma mère et de mon enfance pendant la majeure partie de ma vie. Un jour, j'ai réalisé que sans ces événements malheureux, je ne serais pas rendue là où j'en suis.

Pour nous sortir du marasme de l'état de victime, il faut admettre la prémisse que nous créons notre vie, consciemment ou inconsciemment. Il faut, en quelque sorte, avoir confiance dans le fait que notre âme crée toujours ce dont nous avons besoin pour évoluer. Nous ne sommes donc jamais victimes d'événements ou d'individus extérieurs à nous. C'est nous qui, le plus souvent inconsciemment, avons fait en sorte de nous trouver au bon (ou au mauvais !) endroit pour vivre toutes nos expériences.

Je sais que c'est difficile à avaler. La personne qui subit un accident d'automobile à cause d'un chauffard en état d'ébriété est inévitablement portée à se sentir victime et à s'apitoyer sur son sort, au moins quelque temps.

C'est normal et même nécessaire pour prendre soin de la partie de nous qui a besoin de compassion. Par contre, ce qui est totalement néfaste et contre-productif, c'est de s'éterniser dans cet état. Quand nous sommes victimes, nous n'avons aucun pouvoir. Nous sommes à la merci des éléments, des autres, de la conjoncture, de la chance et du hasard. Encore une fois, c'est un choix. Lorsque nous choisissons cette option, nous n'avons aucun pouvoir ni aucun véritable contrôle sur notre vie. Tout peut aller bien et soudain, par « hasard », une tuile nous tombe sur la tête. Ce sentiment d'impuissance est le plus insécurisant qui soit.

Pour nous réapproprier notre pouvoir, il faut accepter, croire, que c'est nous qui créons notre vie et que rien n'arrive pour rien. Chaque événement recèle donc un cadeau que nous devons découvrir pour faire la paix avec ce qui semble de prime abord négatif. Pour bien des gens, cela est très difficile. Lorsque je rencontre une personne qui refuse totalement d'admettre qu'elle a pu créer le malheur qui la frappe, je lui conseille alors de faire « comme si ».

En effet, il n'est même pas nécessaire d'être convaincu d'avoir créé ces événements. Il faut simplement accepter de faire l'exercice de plonger à l'intérieur de soi et se demander : « Si mon âme avait créé cette situation pour favoriser mon évolution, pour que je puisse parvenir éventuellement à une vie plus épanouissante, quel serait le cadeau qu'elle souhaiterait m'offrir ? Qu'est-ce que je pourrais en tirer ? » Écoutez alors la réponse qui monte en vous. Accueillez-la sans jugement. Cette réponse servira à vous apaiser. Il y a toujours un cadeau. Une fois que l'on a pris l'habitude de le trouver dans les petits et grands revers de la vie, on perd son attitude de victime et on apprend à avoir confiance que rien n'arrive pour rien et que tout est toujours éventuellement parfait.

Si je n'avais pas été humiliée, rejetée et ridiculisée, je ne serais pas qui je suis aujourd'hui. Je ne serais pas en train d'écrire ce livre, je ne serais pas en mesure d'aider d'autres personnes à vaincre la peur du ridicule et à prendre leur envol.

Sans la mère que j'ai eue, je ne serais certainement pas la mère que je suis aujourd'hui. Je n'aurais pas fait tout ce travail sur moi, je n'aurais pas eu cette passion de comprendre la nature humaine. Je n'aurais tout simplement pas la même vie.

Or, j'aime ma vie ! J'aime la personne que je suis devenue, j'aime ce que je fais. Rien de cela ne serait possible sans les cadeaux de mon passé. Si l'on m'offrait aujourd'hui de changer mon enfance pour une vie idéale au sein d'une famille parfaite, où je serais l'enfant chérie de papa et maman qui me combleraient de compliments et de caresses, je refuserais sachant qu'une telle vie ferait inévitablement de moi une personne différente.

Si je devais choisir entre mes habiletés mentales et les habiletés physiques qui me font cruellement défaut, je garderais très certainement les atouts que je possède plutôt que de les échanger contre ceux que je ne connais pas.

Ma vie est donc le cadeau que je ne pourrais avoir sans mes lacunes comme mes talents et surtout sans les épreuves que j'ai vécues. Je choisis de croire que la raison d'être de mon histoire passée est d'engendrer mon présent. Je peux réinterpréter toutes mes expériences dans cette perspective.

d) Le dialogue intérieur

J'ai décrit précédemment un exercice pour aller à la rencontre de nos différentes sous-personnalités. J'ai aussi parlé d'un dialogue intérieur avec notre âme pour comprendre quel est le cadeau offert par une situation de prime abord pénible.

Le dialogue intérieur est un outil puissant et essentiel pour quiconque souhaite mieux se connaître et intégrer toutes les parties de soi-même. Cette technique est très simple et permet de profondes transformations. Je vais en donner quelques exemples qui aideront les personnes qui n'ont pas l'habitude de ce genre d'exercice à mieux comprendre de quoi il s'agit et comment procéder.

Auparavant, j'aimerais revenir brièvement sur cette notion voulant que nous soyons constitués de multiples sous-personnalités et que nous puissions aller à la rencontre de chacune d'elles. Il est alors possible de dialoguer avec elles, d'établir en quelque sorte une relation avec diverses parties de soi, de leur demander conseil, d'échanger comme s'il s'agissait véritablement de quelqu'un d'autre.

De prime abord, certaines personnes trouvent cela étrange et associent cette notion au trouble de personnalité multiple ou à la schizophrénie. Même si elles en sentent bien l'existence, elles peuvent même avoir peur d'inciter ces différents aspects d'elles-mêmes à s'exprimer, craignant en quelque sorte d'encourager la folie dont elles redoutent la présence à se manifester.

Il est donc important de faire la part des choses. Tout d'abord, vous ne serez pas étonné si je vous dis que je suis convaincue que nous avons tous en nous une part de folie. Évidemment, car nous sommes tout ! Les parties de nous porteuses de folie comptent tout simplement parmi ces nombreuses sous-personnalités que nous devons découvrir, accueillir et intégrer. Les seules personnes sur cette terre qui se croient totalement à l'abri de la folie sont précisément celles qui sont le plus dangereusement atteintes. Les véritables fous ne le savent pas, c'est bien connu.

Lorsque l'on dialogue avec les différentes parties de soi, on le fait consciemment. C'est le moi conscient qui est aux commandes. On choisit d'inviter ses sous-personnalités à se manifester, on dirige la conversation, on demeure libre d'accepter ou de refuser les commentaires et les suggestions qui sont exprimés et on peut mettre fin à tout moment à l'entretien. Cela n'a rien à voir avec les changements de personnalité subits et inexplicables que vivent les rares personnes atteintes du syndrome de personnalités multiples ni avec les voix qu'entendent les schizophrènes. Ces derniers sont d'ailleurs totalement persuadés d'entendre quelqu'un d'autre et non pas une partie d'eux-mêmes.

Les travaux d'Assagioli, le père de la psychosynthèse, ont démontré qu'il s'agissait là d'une méthode thérapeutique sans danger, même pour les personnes atteintes de troubles mentaux. De plus, de nombreux praticiens utilisent sa technique depuis des dizaines d'années sans que l'on ait pu observer de problèmes, même chez des personnes très vulnérables.

Le fait de reconnaître être composé de diverses sous-personnalités et de jouer le jeu de s'adresser à chacune d'elles comme s'il s'agissait d'une personne distincte permet au contraire d'éviter de se laisser totalement envahir et littéralement posséder par les parties de soi que l'on a tendance à rejeter. Je serais même portée à croire que c'est précisément ce rejet et ce déni qui, lorsqu'ils sont poussés à l'extrême, peuvent être à l'origine de troubles comme le dédoublement de la personnalité. En accueillant au contraire tous ses personnages et en les invitant à faire partie de sa vie et à partager le cadeau qu'ils portent, on s'assure un équilibre psychologique et un degré d'épanouissement personnel impossibles à atteindre autrement.

Le dialogue intérieur peut se faire tout simplement dans sa tête, lorsque l'on se trouve dans un état de relaxation ou de méditation. Il peut aussi se faire par écrit, dans un journal que l'on conserve précisément pour ces exercices de contact et de conversation avec les différentes parties de soi. Je recommande d'ailleurs de le faire par écrit si possible. Cela permet de conserver la trace de découvertes et de prises de conscience afin de pouvoir y revenir au besoin. Il est, à tout le moins, important de prendre des notes, car il est facile d'oublier ce qui se passe lorsque l'on se trouve dans un état de détente profonde. Quand on y repense par la suite, c'est un peu comme tenter de se remémorer un rêve. On en oublie souvent une grande partie.

Or, comme je l'ai déjà mentionné, il est essentiel de respecter les engagements que l'on prend envers les différentes parties de soi. Accorder finalement de l'attention à une partie de soi rejetée et négligée est loin de suffire à lui redonner confiance et à assurer sa coopération. Le seul moyen de la convaincre que les choses ont changé est de passer à l'action et de respecter la parole donnée lors de ces conversations intérieures. Il est donc primordial de ne pas oublier ses engagements ! N'oublions pas qu'intellectualiser les problèmes est complexe, mais facile, alors que passer à l'action est simple, mais difficile.

Voici donc l'exemple d'un dialogue que j'ai eu avec une partie de moi qui était très souffrante parce qu'elle a toujours été rejetée. Elle pouvait se montrer également très dérangeante, car elle se manifestait toujours inopinément dans ma vie en faisant de l'obstruction. C'est une partie qui contrecarrait sans cesse mes projets, qui s'opposait à tout parce que, pour elle, aucune entreprise nécessitant le moindre effort, le moindre compromis n'en valait la peine.

Fatiguée de me battre contre elle, réalisant que cette lutte était vaine, j'ai finalement décidé de lui donner de l'attention et de chercher à comprendre ses besoins. Depuis, elle est devenue l'une de mes plus fidèles alliées et elle met son énergie infatigable au service de mes intérêts, à condition que je prenne le temps de l'inclure plutôt que de l'exclure. La plupart d'entre nous portons une telle sous-personnalité au fond de notre ombre. En lisant ce qui suit, ouvrez-vous afin de prendre contact avec la partie de vous qui y correspond :

Tu es une partie de moi qui se refuse au compromis. Tu es depuis toujours rejetée, cachée, humiliée, enfermée. Aujourd'hui, il est bien difficile pour toi d'accepter le moindre accommodement, la moindre contrainte.

Parmi les innombrables parties de moi qui ont souffert d'avoir été exclues et négligées, tu es la plus révoltée. Tu n'es pas mon mignon petit enfant intérieur, tu es mon ado intérieur. Tu es une ado désespérée, violente et autodestructrice qui affiche un style punk *totalement déjanté.*

« Sans avenir » est ta devise. Tu ne crois en rien et rien ne vaut la peine, selon toi. Tu ne supportes aucun effort,

aucune contrainte, car tu es convaincue que cela ne donnera jamais rien. Tu n'es jamais contente, jamais satisfaite, jamais en paix. Tu te sens encore et toujours rejetée par moi et par le monde entier, alors à quoi bon faire le moindre sacrifice, le moindre effort ?

Comment puis-je te guérir à présent ? Je t'ai toujours rejetée, j'ai toujours considéré que tu étais ma pire ennemie. Je vais bien quand tu es calme, quand tu ne te manifestes pas. Je vais mal quand tu décides plutôt de t'exprimer, de crier et de tout casser.

Comme tu n'as aucune confiance en rien ni personne, jamais tu ne demandes. Tu exiges toujours. Tu imposes. Tu voudrais être servie par tout le monde, que l'Univers gravite autour de toi. Pourtant, tu as peur de tout, tu ne fais confiance à personne. Tout le monde t'a toujours déçue. Comment faire confiance ? Les quelques fois où tu as ouvert ton cœur, où tu as laissé quelqu'un entrer, tu t'es fait avoir, humilier, démolir. On t'a blessée à tout jamais.

Moi, aujourd'hui, je m'adresse à toi en espérant que tu m'écoutes. Toi, la rebelle, la révoltée, la désespérée. Comment te donner ce dont tu as besoin pour que tu te calmes et que tu cesses de conduire mon navire à sa perte ? Depuis toujours, je te refuse le pouvoir et, depuis toujours, tu sabotes. Tu prends ma vie en otage alors que je ne veux surtout pas te donner voix au chapitre.

C'est toi qui décides malgré tout. Tu t'assures que je serai toujours insatisfaite, frustrée, triste, seule. Je suis constamment seule, même quand je suis entourée, car j'ai bien trop peur de vraiment ouvrir mon cœur et de montrer qui je suis. Si je le fais, je mourrai ! Si je le fais, je serai tournée en ridicule tant je suis assoiffée d'amour et d'acceptation, mais indigne par mon intrinsèque imperfection. Ta seule présence en moi me rend irrémédiablement défectueuse.

Je veux te faire une place, je dois te faire une place. Je n'ai pas le choix. Tant que je te rejetterai, tu rueras dans les brancards et c'est toi qui auras le dernier mot. Tant que tu seras en colère, tu transformeras en malheur tous mes instants de bonheur. Tu es la tempête que j'entends toujours gronder quand le temps est radieux. Tu es la peur de perdre qui m'empêche de jouir pleinement de ce que j'ai. Tu es la certitude que l'humiliation s'en vient quand je sens poindre la réussite.

Dans ma vie, j'ai d'abord cherché à t'éliminer. J'ai tout fait pour te tuer, te détruire. Mais tu es indestructible. J'ai ensuite tout tenté pour te guérir. Mais tu es incurable. J'ai essayé de t'ignorer. Mais tu prends tellement de place. J'ai tout fait pour te déguiser et te changer. Mais tu refuses d'accepter tout compromis.

Tu vis en moi et je ne peux échapper à ta présence. Je dois donc te créer un espace où tu seras en paix et en sécurité. Je dois mettre à ta disposition un lieu qui sera à toi, où tu pourras faire exactement ce dont tu as envie, sans que cela transforme mon existence en chaos.

Ta révolte, ta colère, ton indignation, ta manie de ruer dans les brancards et ton refus de l'autorité sont des qualités qui peuvent être utiles dans ma vie. Tu recèles une quantité énorme d'énergie que je te promets d'utiliser au lieu de tenter de l'étouffer. Cette énergie me fait peur, car elle a trop souvent créé des explosions dans ma vie. Pourtant, je sais qu'elle peut être précieuse, utile. Tu es comme une bombe atomique. J'ai peur de l'explosion, mais tu peux produire assez d'énergie pour alimenter une ville entière. Il suffit de te canaliser.

Oh, je sais, il n'y aura là rien de facile. Tu ne veux surtout pas être canalisée. Tu ne veux qu'exploser, pour le moment. Un jour, je l'espère, tu apprendras à me faire confiance et tu me laisseras utiliser l'immense potentiel que tu recèles. Pour le moment, tu veux tout casser, détruire. Tu veux mutiler, tu veux tuer. Tu souffres tellement que tu ne veux rien d'autre que de taper sur tout ce qui bouge. Soit. Je t'accepte comme tu es. Je t'héberge comme j'hébergerais un animal blessé qui ne veut que mordre.

Puis, qu'as-tu donc subi pour ne vouloir que mordre ? À quel point as-tu souffert pour en arriver là ? Comme tous les ados, à l'origine, tu étais un mignon et innocent bébé. Qui t'a volé ton innocence, qui t'a cruellement blessée, humiliée ?

(Prenez le temps d'écouter et de noter les réponses qui montent.)

Tu dois comprendre que je ne peux plus te laisser diriger ma vie. Tu refuses que qui que ce soit te dise quoi faire, même pas moi qui suis le capitaine de notre bateau ! Toi non plus, tu ne peux pas t'échapper, alors tant que l'on sera en guerre, toi et moi, on n'ira nulle part. Est-ce vraiment ce que tu veux ? Oh, tu prétends bien ne vouloir rien faire de cette vie, parce que cela ne sert à rien, mais que dirais-tu de conclure une entente avec moi ?

Promets-moi d'essayer de me laisser diriger le bateau dans la direction où mon âme souhaite aller et je te promets de ne pas te laisser tomber. Je te promets de t'offrir une cabine juste pour toi, une place où tu pourras tout casser si tu en as envie. C'est ce que tu fais de toute façon ! La seule différence, c'est que je te demande de ne plus essayer de couler le bateau. C'est tout. Je promets aussi de tenir compte de toi dans mes choix et mes décisions. Je te promets de cesser de faire comme si tu n'existais pas, de t'écouter et de prendre le temps de faire le nécessaire pour que tu ne te sentes plus exclue de ma vie.

Dis-moi ce que tu attends de moi, ce que je peux faire pour toi. De quel genre d'attention as-tu besoin ? Qu'est-ce qui te ferait du bien ? Quelle action concrète pourrais-je faire pour te rassurer, pour que tu consentes à t'apaiser ? Quel genre de pratique pourrais-je mettre en place ? Fais-moi savoir ce que tu attends de moi et je te promets de tout faire pour qu'enfin tu t'apaises et que tu puisses finalement occuper la place que tu mérites dans ma vie.

(Prenez le temps d'écouter et de noter les réponses qui montent et passez à l'action !)

De ce dialogue avec cette partie de moi si troublée, j'arrive à trouver la compassion. Elle a, de toute évidence, beaucoup souffert pour en arriver là. Je parviens aussi à voir qu'elle détient un véritable cadeau pour moi, si seulement j'arrive à l'apprivoiser. Elle contrôle une grande partie de ma force vitale. Elle possède un trésor que je tente en fait de détruire depuis des années. Quelle énergie je pourrais enfin récupérer !

Et si ce changement de tactique me rendait cette partie de moi ? Essayons pour voir ! De toute façon, mon ado enragée ne fait que saboter ma vie. Mon attitude et ma façon de tenter de la contrôler n'ont fait que perpétuer sa révolte. Voici le moment d'essayer autre chose. Qu'ai-je à perdre ?

Dans cette démarche de dialogue intérieur, il est important de ne pas négliger non plus les parties de nous qui représentent l'autorité. Pendant notre jeunesse, nous avons intégré un parent souvent despotique qui nous faisait vivre les affres de l'humiliation. Nous n'avions alors pas le choix. Afin d'éviter à tout prix que papa ou maman nous rabaisse une fois de plus, nous avons appris à juger nos propres actions avec la même intransigeance et à censurer nos comportements.

L'enfant abandonné, négligé ou victime d'agression a besoin de créer l'illusion d'un lien avec ses parents. Afin de concrétiser ce lien imaginaire, l'enfant doit idéaliser ses parents et accepter la prémisse qu'il est lui-même « mauvais » puisqu'eux ont toujours raison. Cela est nécessaire pour assurer sa survie. La partie de nous qui nous rappelle donc sans arrêt jusqu'à quel point nous sommes inadéquats le fait toujours dans le but de nous protéger en se mettant du côté du puissant, c'est-à-dire de nos parents.

Cette sous-personnalité agit comme une barrière, une armure entre la partie de soi qui est la plus naïve et vulnérable et le monde extérieur. Elle empêche que le monde extérieur vienne totalement détruire notre essence, dont la fragilité est telle pendant l'enfance qu'elle est totalement sans défense.

Il est en effet important de comprendre qu'il y a véritablement en chacun de nous une partie qui a une foi inébranlable en la bonté et en la générosité de la vie, de l'Univers. Cette foi est innée chez tous les êtres humains. Nous naissons toujours certains que quelqu'un de bienveillant va prendre soin de nous. La réconciliation avec soi passe également par l'acceptation et la réappropriation de sa naïveté d'enfant.

La naïveté est un état qui nous pousse à croire en la bonté du monde. *A priori*, pour la partie de nous porteuse de la naïveté, le monde est accueillant, généreux, abondant, maternel. Le monde est là pour nous nourrir, tout simplement parce que nous en faisons partie.

La naïveté est la qualité de l'enfant qui fait confiance à l'adulte qui en prend soin. Notre enfant naïf a le cœur ouvert. Il croit que tout ce dont il a besoin est à sa portée, qu'il n'a qu'à le cueillir. Il a foi en l'être humain. Il croit que l'autre est fondamentalement honnête, qu'il est intègre, fiable, responsable.

La blessure de notre être naïf survient lorsque cette foi et cette confiance sont trahies. L'être doit alors affronter la méchanceté, la mesquinerie, la malhonnêteté. Or, l'enfant naïf en nous ne veut pas voir cette malveillance. Il refuse que ces qualités fassent partie de l'être humain.

Pourtant, c'est le cas. Si l'humain est tout, il est aussi mauvais que bon, il est aussi malhonnête que droit. L'être malveillant souffre et il cherche à soulager sa souffrance en causant de la souffrance à autrui. La souffrance provoque la méchanceté, la peur du manque, la malhonnêteté.

Il faut donc, en tant qu'adultes conscients, nous réapproprier notre capacité à faire confiance à la vie comme un enfant naïf, mais avec notre conscience, notre discernement d'adultes qui est maintenant beaucoup moins vulnérable, beaucoup plus apte à se protéger. En fait, il faut avoir l'ouverture de croire que la vie met toujours sur notre chemin ce dont nous avons besoin pour que nous vivions les expériences que nous devons vivre et que nous apprenions les leçons que nous devons apprendre. Cela ne saurait exclure les échecs, les trahisons, les déceptions et la douleur.

Avec notre discernement d'adultes, nous sommes en mesure de savoir que nous ne devons faire confiance à 100 % qu'à nous-mêmes. Quand je dis à nous-mêmes, je ne parle pas de notre ego, de notre intellect, mais plutôt de notre intuition, de notre sagesse intérieure. Au fond de notre cœur, nous savons toujours exactement la route qu'il faut prendre pour nous rendre à bon port. Notre âme ne nous fera jamais faux bond.

Cependant, à l'époque où nous n'étions pas outillés pour faire preuve de discernement et faire confiance à notre sagesse intérieure, nous avons construit ce personnage-armure que l'auteure Alice Barry[13] a appelé le « gestionnaire du risque ». Sa mission était en fait de protéger notre enfant naïf contre lui-même. Son rôle a toujours été précisément de s'assurer que nous ne nous exposions pas au danger de nous voir blessés, violentés, humiliés, ridiculisés. Il se fait donc toujours entendre lorsque nous avons envie d'essayer quelque chose de nouveau, de nouer une nouvelle relation, de sortir de notre zone de confort, d'entreprendre un projet susceptible d'échouer. Or, il est évident que le risque zéro n'existe pas. Se comporter d'une manière que le gestionnaire du risque juge rassurante équivaut à se contenter de la vie de résignation tranquille que l'on a abordée précédemment.

Toutefois, il est important de réaliser que le parent autoritaire en nous et le gestionnaire du risque ne sont pas nos ennemis. Ils ne sont pas motivés par de mauvaises intentions. Aucune partie de nous n'est jamais motivée par de mauvaises intentions ! Toutes les parties de nous souhaitent assurer notre survie et nous éviter la souffrance. Elles jouent leur rôle à la perfection, comme elles le perçoivent. Elles ont une grande valeur et nous ont souvent été très utiles au fil des années. C'est à nous de les rassurer, de leur faire comprendre qu'elles doivent nous accorder plus de liberté et de les intégrer au lieu de les rejeter et de tenter de les tasser.

Quand nous acceptons l'idée que ces voix intérieures ne sont pas là pour nous détruire, mais bien pour nous protéger, nous changeons de paradigme. Nous cessons de nous battre contre nous-mêmes et nous commençons à voir la lumière au bout du tunnel. Le dialogue intérieur représente en quelque sorte la négociation du traité de paix.

Voici l'exemple d'un dialogue qu'une personne qui souhaite entreprendre un nouveau projet stimulant, mais risqué, peut avoir avec son gestionnaire du risque :

Tu es la partie de moi qui cherche à me protéger à tout prix. Aussi loin que je puisse me souvenir, ton rôle a toujours été de m'éviter les ennuis. Tu me mets constamment en garde contre tous les dangers réels ou potentiels. Tu as certainement sauvé ma vie à plusieurs reprises. Or, la meilleure façon que tu as trouvée de m'éviter les ennuis est de m'empêcher d'avoir confiance.

Mon côté aventureux et fonceur m'inciterait normalement à me lancer dans de nouvelles aventures tête baissée, le cœur léger et naïvement sûr que tout ira pour le mieux.

Toi, par contre, tu sais que la réalité peut être blessante, décevante, humiliante. Ta grande peur du ridicule est d'ailleurs très fortement alimentée par toutes les occasions où nous avons fait rire de nous pour avoir trop cru en quelque chose, où nous sommes tombés en pleine face après avoir eu confiance que nous y arriverions !

Donc, tu cherches à me protéger. Tu couvres toujours mes arrières. Tu me pousses à la vigilance, au contrôle constant. Tu ne laisses rien au hasard, tu n'as confiance en rien. Tu es animé de bonnes intentions, c'est clair. Tu veux m'éviter d'autres blessures. En me faisant toujours part de tes inquiétudes par rapport aux pires éventualités, tu n'as qu'un but, m'éviter la souffrance et l'humiliation.

Je veux t'honorer pour le rôle que tu joues dans ma vie. La prudence que tu m'inspires est très précieuse en de nombreuses circonstances. Sans l'équilibre que tu m'apportes, mon côté casse-cou et téméraire m'aurait certainement placé maintes et maintes fois dans des situations très embarrassantes. Tu es donc un atout très précieux dans ma personnalité, que je souhaite intégrer encore davantage à mon « équipe de pilotage » pour que tu participes pleinement aux décisions.

Cependant, l'état de méfiance et de contrôle continuel dans lequel tu me maintiens n'est pas sans effets néfastes sur ma vie. Si je dois me protéger contre tout risque de défaite et d'humiliation, il n'y a qu'un seul moyen : ne rien oser entreprendre.

Cette stratégie n'est pas bonne pour notre équipe à long terme. Au point où j'en suis dans ma vie, j'ai envie de prendre des risques calculés. Je suis prêt à vivre avec certaines conséquences dont, entre autres, une certaine dose de ridicule. Ce qui était susceptible de me blesser cruellement alors que j'étais enfant est devenu, aujourd'hui, un niveau de risque acceptable. J'aime avoir une sous-personnalité telle que toi en moi. Je te suis reconnaissant d'être là pour veiller sur moi et m'avertir si je m'apprête à commettre une erreur importante. Je compte d'ailleurs sur toi pour continuer à le faire.

J'aimerais juste avoir ta collaboration pour augmenter ton seuil de tolérance et me faire confiance davantage. Lorsque j'étais enfant, j'étais incapable de bien évaluer les dangers. Tu te chargeais donc d'exprimer les objections et les avertissements que représentait ta perception de l'opinion de mon père et des gens de mon entourage. Tu tentais d'observer le monde selon cette perspective pour m'éviter l'humiliation. Encore une fois, merci de ta précieuse vigilance. Cependant, aujourd'hui, je suis en mesure d'évaluer moi-même les risques et de choisir ceux que j'ai envie de courir.

Je me demande de quoi tu aurais besoin pour consentir à baisser la garde légèrement. Que pourrais-je faire pour toi, pour te rassurer ?

(Prenez le temps d'écouter et de noter les réponses qui montent. Et passez à l'action !)

Je suis persuadé qu'ensemble, nous pourrons former une équipe formidable qui ira de l'avant pour le plus grand bien de notre personnalité tout entière. Fais-moi confiance et nous irons loin ensemble !

De tels dialogues sont possibles avec toutes les parties de soi. Certaines sont plus douces, vulnérables. D'autres sont violentes, enragées. L'important, c'est de n'en négliger aucune, à mesure qu'elles se manifestent à notre conscience.

Le dialogue intérieur peut d'ailleurs non seulement prendre la forme d'une conversation à deux entre soi et ses différentes personnalités sous-jacentes, il peut également se transformer en séances de médiation entre différentes parties de soi qui sont en conflit. En effet, il arrive souvent que, lorsque l'on entre en contact avec une sous-personnalité rebelle, une autre du genre autoritaire cherche également à se manifester.

Dans le premier exemple, l'adolescente rebelle et le parent autoritaire sont inévitablement en conflit au sein de la personnalité. L'un et l'autre tirent forcément dans des directions opposées. La partie rebelle porte la culpabilité de ses nombreuses désobéissances et la partie autoritaire porte toute la colère, toute la déception et toute la frustration que l'on a perçue chez ses parents.

En de tels cas, le dialogue intérieur prendra l'aspect d'une conversation à trois, d'une négociation où l'on agit en médiateur entre ces parties contradictoires, afin de les aider à trouver un terrain d'entente pour éviter que se perpétue le conflit intérieur.

Le capitaine du bateau doit en effet s'assurer que son équipage rame dans la même direction et ne gaspille pas son énergie en luttes vaines. Les conflits qui opposent différentes parties de notre personnalité représentent nos plus grandes fuites d'énergie. Pourtant, il est important de réaliser que chacune veut notre bien et que nous pouvons obtenir leur collaboration à condition de les accueillir avec bienveillance.

Chaque occasion où la vie nous place devant une situation qui provoque un conflit entre notre volonté et nos pulsions représente un bon moment pour entreprendre un tel dialogue intérieur. Il est toujours possible de trouver une voie qui arrivera à satisfaire toutes les tendances qui nous composent. C'est la voie du milieu, la voie de la sagesse. Cette sagesse, nous la possédons tous à l'intérieur de nous. Il suffit de faire taire notre mental et d'écouter notre intuition.

Le but est de comprendre et d'intégrer toutes les parties de notre personnalité, de les transformer en alliées qui mettront leur énergie à notre service. Nous briserons alors enfin le cycle de l'exclusion et de l'humiliation. Nous cesserons d'être notre propre bourreau et nous deviendrons ainsi notre propre champion. Nous commencerons, tranquillement à oser, enfin, être vraiment nous-mêmes.

2. LA SORTIE DU PLACARD N'EST PAS RÉSERVÉE AUX GAIS !

« Ne doutez jamais qu'un petit groupe d'individus puisse changer le monde. En fait, c'est toujours ainsi que le monde a changé. »

— Margaret Mead

« À tous ces fous. Ces inadaptés. Ces rebelles. Ces "fauteurs de troubles". Ces metteurs de chevilles rondes dans les trous carrés. Ceux qui voient les choses différemment. Ils ne s'adaptent pas aux règles. Et n'ont aucun respect pour le statu quo. Vous pouvez les encenser, les contredire, les citer, ne pas les croire, les glorifier ou les endiabler. Mais à peu près la seule chose que vous ne puissiez faire est de les ignorer. Parce qu'ils changent les choses, ils inventent, ils imaginent, ils guérissent, ils explorent, ils créent, ils inspirent. Ils poussent la race humaine en avant. Peut-être qu'ils se doivent d'être fous. Comment autrement pourriez-vous demeurer face à une toile blanche et y voir une œuvre d'art ? Ou vous asseoir dans le silence et entendre une chanson qui n'a jamais été écrite ? Ou apercevoir la planète rouge et y voir un laboratoire sur roulette ?

« Certains les voient comme des fous, certains les voient comme des génies. Parce que les gens qui sont suffisamment fous pour croire qu'ils peuvent changer le monde sont ceux qui le font. »

— Mark Twain

Pourquoi avoir peur de montrer qui l'on est vraiment ? Surtout, dans la plupart des cas, parce que l'on craint d'être rejeté, humilié, abandonné. Cette peur peut paralyser et empêcher toute sa vie l'individu d'exprimer qui il est vraiment.

Enfant, on a le besoin fondamental d'être aimé de ses parents. L'amour des parents est essentiel à la survie du bébé. Quand on a des parents émotionnellement compétents, ce qui est déjà loin d'être donné à tout le monde, on a la chance de faire l'unanimité au sein de notre univers, au moins quelque temps.

Cependant, il suffit que l'on ait autour de soi d'autres personnes pour que cette belle unanimité s'effrite assez rapidement. Le bébé reste peut-être la huitième merveille du monde pour ses parents un certain temps, il en va tout autrement pour ses frères et sœurs qui sont souvent jaloux de l'attention qu'on lui accorde et pour certains autres adultes qui sont peu emballés par ses cris et les odeurs qu'il dégage.

Dans la vie, il y a certaines choses qu'il faut accepter d'emblée, si nous voulons avoir la moindre chance d'être heureux : environ un tiers des gens que nous côtoyons nous aiment et apprécient ce que nous faisons, un tiers des gens n'approuvent pas ce que nous sommes ni nos actions et le dernier tiers des gens sont complètement indifférents à notre personne, allant souvent jusqu'à ignorer notre existence. Cette loi du tiers se dément rarement, quels que soient nos agissements.

Ce qui est absolument certain, c'est que personne ne fait l'unanimité. Lorsque l'on compare, par exemple, les résultats électoraux obtenus par George Bush lors de ses deux mandats et par Barack Obama en 2008, on constate que chacun a obtenu près de 50 % des voix, même si l'un semblait infiniment plus populaire que l'autre.

La popularité de l'un et l'impopularité de l'autre s'exprimaient sans aucun doute plus fort, mais les résultats réels et objectifs sont presque semblables. Une personne populaire a des partisans plus bruyants, mais elle n'en a pas nécessairement beaucoup plus. La peur d'être jugés, ou autrement ridiculisés, nous paralyse trop souvent et nous empêche d'exprimer ce que nous pensons et ce que nous sommes, dans l'espoir vain de faire l'unanimité.

Or, combien de personnes sur cette terre sont exactement comme moi, comme vous ? Absolument personne ! Personne n'est constitué exactement des mêmes ingrédients, dans la même proportion. Nous avons déjà discuté du fait que nous portons tous en nous la totalité des qualités et des « défauts » qui existent. Cependant, comme nous n'avons pas tous vécu les mêmes expériences, ces caractéristiques se manifestent à divers degrés, de manières variées.

Cela se compare à différentes œuvres d'art, à différentes symphonies ou à des pièces musicales toutes composées à partir des mêmes notes de musique et interprétées par les mêmes instruments. De la même manière, si l'on donne exactement les mêmes tubes de peinture et canevas à plusieurs peintres, jamais on n'obtiendra deux œuvres identiques.

Tous les humains sur terre ont beau posséder en eux les mêmes ingrédients (caractéristiques), chacun est unique, une œuvre d'art exceptionnelle. Un peu plus de rouge par ici, un peu plus de jaune par là, et nous obtenons un paysage totalement différent. Si, toute notre vie, nous nous évertuons à ressembler à quelqu'un d'autre, nous ne serons jamais qu'une reproduction, une pâle copie qui jamais ne trouvera sa place dans un musée. Par contre, si nous sommes résolument nous-mêmes, si nous exprimons ce que nous sommes vraiment, sans retenue et sans pudeur, nous apporterons au monde un cadeau unique, inestimable.

D'accord, certaines personnes ne nous aimeront pas. Elles trouveront que notre unicité ne leur convient pas. Elles ne rechercheront pas notre compagnie. Par contre, ceux qui nous aimeront et seront inspirés par notre énergie le seront par ce que nous sommes vraiment.

C'est le plus grand cadeau que nous pouvons faire au monde : offrir toute l'unicité, toute la grandeur, toute la richesse de l'œuvre exclusive que nous sommes vraiment.

J'entends d'ici plusieurs d'entre vous penser : « Mais, je ne suis rien de merveilleux ! J'ai abandonné mes études par paresse. J'ai trompé mon conjoint. Je me fais régulièrement vomir après avoir vidé le sac de biscuits. J'ai volé mon employeur. J'ai perdu ma paie au casino. J'ai frappé mon enfant. »

Oui, c'est vrai, nos œuvres d'art comportent toutes des zones d'ombre. Cependant, cette ombre n'est qu'une partie de ce que nous sommes, pas la totalité. Puis, serait-il possible d'apprécier la lumière sans l'ombre ? Qui donc est mieux placé pour aider les joueurs compulsifs ou les boulimiques qu'une personne qui est déjà passée par là ? La crédibilité et l'habileté à inspirer passent le plus souvent par l'expérience. Personnellement, je crois que cela passe toujours par l'expérience, dans cette vie-ci ou peut-être dans une vie antérieure. Qui sait ?

Lorsque nous dévoilons qui nous sommes, nous devons accepter que certaines personnes ne nous aiment pas, pour des raisons qui n'ont rien à voir avec nous ! En fait, fondamentalement, tout le monde se fiche de moi comme de vous ! La plupart des gens ne sont pas intéressés par ce que vous êtes, votre apparence, ce que vous pensez, ce que vous faites ! Il est temps de vous en apercevoir pour vous libérer. Ce qui les intéresse, c'est principalement leur petite personne, tout comme vous !

Il faut se rendre à l'évidence. La plupart du temps, les humains sont d'abord et avant tout centrés sur leur nombril. L'opinion que nous avons des autres est très largement basée sur la façon dont ils se comparent à nous, dont ils nous font sentir. Nous aimons et apprécions les gens qui nous font nous sentir bien, intelligents, valorisés, privilégiés. Nous n'aimons pas ceux qui nous font nous sentir mal. Or, lorsqu'elle est forte dans un sens ou dans l'autre, la réaction positive ou négative que nous éprouvons par rapport à quelqu'un s'explique toujours par une projection.

Ce que j'aime chez les autres, c'est ce qui me fait me sentir bien. Ce que je n'aime pas, c'est ce qui me renvoie une image déplaisante de moi-même. L'autre est mon miroir. Ce qui me plaît en l'autre, c'est ce qui me ressemble et me renvoie une image flatteuse de moi-même.

De nombreuses études ont en effet démontré que les gens trouvent généralement belles et attirantes les personnes qui leur ressemblent. Par exemple, les femmes blondes aux yeux bleus vont généralement trouver plus sympathiques les actrices blondes aux yeux bleus que les brunettes, et vice-versa. C'est également vrai pour les hommes et encore plus vrai pour les enfants et même les bébés, qui préféreront spontanément les personnes du même type physique que leurs parents.

Étant donné que nous nous identifions facilement aux personnes qui nous ressemblent, nous sommes portés à juger beaucoup plus durement celles dont le comportement nous déplaît, car elles nous font honte. Par contre, lorsqu'une personne qui nous apparaît très différente de nous agit de la même manière, cela nous touche moins. La peur d'être aussi peu attirants que les personnes qui nous ressemblent et qui se comportent mal menace davantage notre estime personnelle, car nous sommes forcés de reconnaître la possibilité que nous ayons pu agir de même.

Bref, nous aimons ce qui nous ressemble et ce que nous apprécions en nous, ce que nous jugeons beau et attrayant. Par contre, nous détestons ce qui nous rappelle nos caractéristiques qui ont été la source de raillerie, de honte ou de désapprobation pour nous.

Ce que ma belle-sœur juge et désapprouve en moi est quelque chose qu'elle juge et désapprouve en elle-même. Force est de constater que je n'y peux rien. Cette bataille pour fuir l'humiliation est perdue d'avance. On est toujours le « perdant » de quelqu'un qui refuse son propre côté perdant. Finalement, toute ma vie, je me suis empêchée de révéler qui je suis dans le vain espoir d'éviter le jugement et d'acquérir une forme d'amour qui n'existe pas, et ce, à quel prix ? Au prix de garder emprisonné et de priver de lumière ce que j'ai de plus précieux, mon essence profonde. Il est plus que temps d'ouvrir les portes de ma prison intérieure !

Lorsque la peur du ridicule et de l'humiliation nous a paralysés pendant la majeure partie de notre vie, le *coming out* doit se faire graduellement. Apprendre à apprécier et à honorer la totalité de ce que nous sommes implique de respecter nos limites. Il faut avancer graduellement et exposer d'abord notre âme dans des situations sûres. Crier haut et fort sur la place publique ce que nous avons toujours voulu cacher équivaudrait à de l'autosabotage.

Il s'agit donc de trouver un environnement accueillant et sécurisant. Lorsque nous avons trop peur de retirer notre masque devant notre entourage qui n'a jamais vu certains côtés de notre personnalité qui nous ont toujours embarrassés, les groupes d'entraide et les ateliers de développement personnel peuvent souvent offrir un bon point de départ. Dans ces groupes, les gens sont normalement ouverts à ce genre de choses et généralement plus réceptifs et moins enclins au jugement que la société en général.

La plupart du temps, lorsqu'un participant s'ouvre et révèle un secret qui lui pèse, nous pouvons observer une réaction d'empathie chez d'autres individus qui souffrent du même problème, qui portent la même peine. La souffrance, les larmes d'une personne servent à en libérer plusieurs autres. Lorsque nous sommes témoins de cela, l'effet est très puissant. Nous découvrons que nos plus grands secrets, nos plus profondes hontes, sont loin d'être notre propriété exclusive.

Ultimement, nous avons tous plus ou moins souffert des mêmes choses, à divers degrés : rejet, humiliation, abandon, négligence, agression, violence. Aucun humain n'y échappe. Or, nous le savons, chacune de ces blessures crée de la honte. Nous avons honte d'avoir été abandonnés, d'une manière ou d'une autre, parce que nous avons conclu que c'était la preuve que nous ne valions rien. Lorsque la personne en face de nous raconte sa propre histoire d'abandon, et qu'il s'avère que c'est quelqu'un qui nous est apparu digne d'intérêt, cela a pour effet de contredire une des croyances fondamentales de l'être souffrant de honte : « Je suis seul à vivre cela et j'ai mérité mon sort à cause de mes failles profondes. »

Après avoir entendu deux, quatre, cinq, dix histoires semblables à la nôtre, nous arrivons à vraiment réaliser que nous sommes loin d'être seuls dans le bateau. En choisissant un groupe où notre droit au silence est respecté, ce qui est presque toujours le cas, nous pouvons attendre d'être prêts avant de parler pour exprimer ce que nous gardons caché depuis trop longtemps. La réaction des autres participants viendra renforcer le bien-fondé de notre décision de révéler qui nous sommes.

Nous pouvons ainsi nous libérer de nos secrets les plus douloureux, un petit pas à la fois. D'abord écouter, ressentir la compassion qui monte en nous et les autres puis éventuellement parler à notre rythme, en commençant par révéler des choses pas trop menaçantes. Une fois devenus plus à l'aise, lorsque nous nous sentons prêts, nous pouvons nous permettre de révéler nos plus grandes sources de honte, nos plus gros morceaux.

Personnellement, je crois énormément à cette approche que je recommande à mes clients. Chaque atelier que j'anime renforce ma conviction que pour vaincre la honte, le travail en groupe est de loin supérieur au travail individuel. C'est tout à fait logique, étant donné que la peur du ridicule est une émotion « sociale », qui se vit devant les autres. Le travail en groupe, dans un environnement sécurisant où tous les participants partagent le même objectif, permet une transformation véritable à travers des expériences positives répétées.

Comme c'est le cas pour les homosexuels, chaque personne qui fait son *coming out* contribue à en libérer de nombreuses autres. Dans notre société, trop de gens connus, bien en vue, n'osent pas révéler publiquement ce qu'ils sont vraiment, ce qu'ils pensent, ce à quoi ils croient. Il existe un certain consensus auquel il ne faut pas s'opposer. Plusieurs sujets sont tabous. Quiconque ose afficher publiquement une opinion contraire s'expose invariablement au ridicule et souvent même à l'exclusion.

Cela fait peur. La société nous présente chaque jour des exemples qui renforcent la conviction qu'il vaut mieux se taire que de révéler le fond de sa pensée sur bien des sujets. Cela est particulièrement vrai pour les personnes qui aspirent à occuper ou à conserver des postes où la crédibilité est importante, comme les personnalités publiques.

Ainsi, lors des élections de 2009 à la mairie de Montréal, les médias ont accueilli avec beaucoup de cynisme et d'arrogance les propositions d'un candidat qui présentait pourtant un programme intéressant. Devant l'étonnement de plusieurs, le chroniqueur bien connu Pierre Foglia a fourni l'explication suivante : « Je vois, jeunes gens, qu'il y a un petit truc que vous ne savez pas à propos des médias. Un petit truc sur lequel les journalistes de tous les grands médias occidentaux s'entendent, qu'ils soient économistes, sportifs, artistiques, de droite, de gauche, écolos, fédéralistes, indépendantistes ; ils s'entendent tous sur un truc, celui-ci : les gens qui croient que le 11 septembre 2001 a été orchestré par Washington sont des imbéciles (au mieux)[14]. »

Selon M. Foglia, si les médias n'ont pas accordé une grande crédibilité aux idées politiques de ce candidat, c'est principalement parce qu'on le considérait comme un hurluberlu, étant donné qu'il avait osé remettre publiquement en question la version officielle du 11 septembre.

Cela illustre très clairement qu'il y a des sujets sur lesquels on ne peut même pas s'interroger sans risquer de se faire ridiculiser et, pour ainsi dire, exclure de la charge publique. Le 11 septembre en est un. Pourtant, certains faits sont troublants. Il est tout à fait légitime de se poser des questions. Il n'est pas nécessaire d'adhérer à la théorie du complot pour s'interroger ! On devrait avoir le droit de poser des questions et de recevoir des réponses sur ces choses, comme sur tout le reste, sans avoir l'impression de toucher à des sujets sacrés, comme l'existence de Dieu à l'époque de l'Inquisition !

Cette belle unanimité des médias « sérieux » à décider quelles sont les questions que l'on est en droit de se poser est très grave ! Dans une société vraiment ouverte et pas étouffante, on discuterait franchement, sur la place publique, de tels sujets qui intéressent énormément les gens et alimentent de vives discussions privées, en particulier sur Internet.

Les journalistes d'enquête iraient vérifier les faits et trouveraient des preuves susceptibles de répondre au questionnement des citoyens qui doutent de la version officielle, au lieu de les ridiculiser. Cependant, les sociétés occidentales l'interdisent à quiconque souhaite conserver sa crédibilité professionnelle. Il y a des idées qu'il ne faut pas exposer. On ne peut pas, en quelque sorte, remettre en question ouvertement la véracité du discours officiel, même si celui-ci heurte profondément son intuition profonde. Pourtant, on n'a qu'à parler aux gens chez le coiffeur ou dans les taxis, on n'a qu'à fouiller sur Internet et à observer la réaction des citoyens, on se rend bien compte que les gens doutent des versions officielles dans énormément de domaines. Et souvent, la suite des choses leur donne raison.

Les citoyens savent intuitivement que l'on ne peut accorder une confiance aveugle à ceux qui détiennent le pouvoir, car le pouvoir corrompt et le pouvoir absolu corrompt absolument. Or, de nos jours, le réel pouvoir est économique et il est entre les mains d'un nombre peu élevé d'individus qui contrôlent d'ailleurs la plupart des médias. L'étendue de ce pouvoir dépasse tout ce que l'on a pu vivre sur cette terre jusqu'à maintenant.

Cependant, la peur du ridicule empêche quiconque jouit d'une certaine crédibilité intellectuelle de s'exprimer sur bien des sujets. Affirmer publiquement s'intéresser aux phénomènes paranormaux, à l'influence des astres sur nos vies, à la réincarnation, aux ovnis, aux médecines douces et même à Dieu rend immédiatement suspect aux yeux de l'élite intellectuelle. Vous êtes crédule, vous vous disqualifiez pour la charge publique, vous menacez votre place au soleil. Les bien-pensants vous classent immédiatement dans la catégorie des hurluberlus, des farfelus et même des paranoïaques. Pas étonnant donc que chacun se taise publiquement, même si de nombreuses personnalités crédibles n'en pensent pas moins et l'expriment en privé.

En restant dans le placard, en renonçant à exprimer haut et fort ce que l'on ressent intuitivement, en n'osant pas s'élever contre le consensus entretenu par les élites intellectuelles, qui sont elles-mêmes paralysées par la peur du ridicule et le besoin de préserver leur situation sociale et professionnelle, on étouffe son âme, qui meurt du besoin de s'exprimer, de révéler au monde qui elle est et ce qu'elle sait.

Mais, ce qui est plus grave encore, c'est que l'on étouffe également, par le fait même, la société dans laquelle on vit. C'est donc non seulement une responsabilité personnelle de sortir du placard, c'est également une responsabilité collective. En privant le monde de son essence, du côté unique de chacun et de ses expériences, on condamne la société à la pensée unique.

Heureusement, certaines personnes commencent à parler publiquement de leurs convictions, par exemple de leurs pratiques spirituelles, ce qui sert à éveiller d'autres personnes. Cependant, il faudra plus que cela pour changer la société.

Une personnalité connue qui affirme publiquement pratiquer la méditation, c'est très bien, mais cela ne remet pas en question l'ordre établi. Il est peu probable que l'on s'acharne sur elle pour la ridiculiser. Par contre, si elle déclare avoir recours aux conseils réguliers d'un astrologue ou traiter une maladie grave avec les médecines parallèles, là, elle s'expose au ridicule, à l'humiliation et à l'exclusion.

Une telle prise de position va totalement à l'encontre du consensus intellectuel de notre société, car ces approches, ou méthodes (je n'emploie pas le mot *science* pour éviter de me faire lapider), sont unanimement reléguées comme appartenant à un passé obscurantiste, à la superstition, au charlatanisme. Fin de la discussion. En réalité, il n'y a même pas de discussion. Cela n'existe pas. Mais si cela marche ? Cela ne peut pas marcher !

Pourtant, il n'y a qu'à fouiller un peu et à parler autour de soi pour se rendre compte qu'il existe de très nombreux cas de ce que la médecine qualifie de « rémission spontanée ». Il s'agit de gens atteints de maladies dites incurables ou terminales qui guérissent malgré tout, sans que la science puisse l'expliquer. Autrefois, on appelait cela des « miracles ». Quelle que soit la méthode, que ce soit par le recours à des thérapies complémentaires ou à la prière, de nombreuses guérisons échappent totalement à la logique scientifique.

Ces phénomènes existent. Comment se fait-il que l'on n'en parle jamais ? Ceux qui les ont vécus personnellement, ou observés dans leur entourage, n'osent pas se manifester publiquement. C'est comme si la majorité des gens savait intuitivement que la science fait totalement fausse route en ignorant ces phénomènes, que c'est la conséquence d'un obscurantisme digne du Moyen Âge, mais que personne n'osait s'opposer aux dogmes étouffants de la société qui nous entoure.

Dans le monde, des millions de personnes se soignent avec l'homéopathie et s'en portent très bien ! Comment peut-on accepter qu'ici, l'*establishment* scientifique la rejette du revers de la main et ridiculise ceux qui la pratiquent ? Et que dire du milliard de Chinois qui traitent, avec des plantes et l'acupuncture, des maladies très graves qui, dans nos sociétés occidentales dites ouvertes et évoluées, nous ruinent en produits chimiques toxiques et en interventions mutilantes ? Tous des crédules, des naïfs, des primitifs ?

C'est cette fameuse peur, celle du ridicule et de l'humiliation, qui fait que tant de gens se taisent. Lorsque les gens sérieux, crédibles et bien en vue dans la société évitent de parler de leurs expériences et de leurs convictions par peur du ridicule, ils entretiennent le climat de conformisme et de stagnation qui rend notre société si étouffante.

La science officielle d'aujourd'hui bénéficierait grandement d'un nouvel influx de curiosité scientifique pour étudier les nombreux phénomènes inexpliqués, mais qui sont totalement ignorés parce que jugés « impossibles ». Or, cela va fondamentalement à l'encontre des principes mêmes de la démarche scientifique, qui veut que l'on valide les hypothèses par la comparaison des données recueillies. Les théories qui sont infirmées doivent être abandonnées. Le problème, c'est que la science choisit de regarder tout simplement ailleurs en présence de tout phénomène qui serait susceptible de contredire les hypothèses dominantes, ces phénomènes qui, précisément, risqueraient d'invalider les paradigmes qui jouissent aujourd'hui du statut de dogme.

En effet, les élites sont encore plus paralysées par la peur du ridicule que le peuple. Quand on occupe une position de prestige et de pouvoir dans la société, on a beaucoup à perdre en révélant avoir des opinions et des croyances qui vont à l'encontre du consensus de son milieu. Par exemple, dans les milieux intellectuels, il est de mise d'afficher un scepticisme cynique par rapport à tout ce qui n'est pas « prouvé scientifiquement ». Vous avez donc beaucoup de difficultés à trouver des gens de ce milieu qui consentent à affirmer publiquement s'intéresser aux ovnis, par exemple. Cela va jusque-là. Cela n'est même pas pensable de s'y intéresser autrement qu'en cachette, exactement comme on consulte les sites pornos.

Lors d'une entrevue accordée le 11 mai 2010 à l'émission *L'après-midi porte conseil* animée par Dominique Poirier sur les ondes de Radio-Canada, le Dr Régis Olry, un médecin et professeur d'anatomie très respecté de l'Université du Québec à Trois-Rivières, annonce qu'il donnera un cours intitulé « La science face aux phénomènes paranormaux ». Dans cette entrevue, il explique que la plupart de ces phénomènes ont éventuellement une explication scientifique, mais qu'un certain nombre sont totalement inexplicables avec les connaissances actuelles. Or, la science refuse généralement de s'intéresser à ces phénomènes inexplicables, car, et je cite le Dr Olry, « la grosse majorité des scientifiques ne mettront jamais les pieds dans ce domaine parce qu'ils vont mettre leur carrière par terre. C'est aussi direct que cela. Un scientifique reconnu qui s'intéresserait aux phénomènes paranormaux se ferait couper ses subventions et les journaux n'accepteraient plus ses articles ».

Cela touche non seulement les fantômes et les ovnis, mais également les phénomènes comme l'énergie libre et les médecines douces qui, si on les étudiait de bonne foi et que l'on mettait en application ces découvertes, pourraient révolutionner notre mode de vie et notre santé, de même que celle de notre planète. Si les scientifiques du passé avaient fait preuve d'autant de conformisme et d'aussi peu de courage par rapport à l'ordre établi, la quasi-totalité des inventions que nous utilisons tous les jours n'existerait pas.

Il suffit de quelques personnes courageuses qui brisent la loi du silence qui règne dans une société pour provoquer de profondes transformations. Par exemple, en Occident, nous sommes en bonne voie de briser les tabous et l'omerta entourant la pédophilie et la violence familiale. Autrefois, les victimes se taisaient presque toutes pour éviter la stigmatisation et l'humiliation. Aujourd'hui, elles sont de plus en plus nombreuses à dénoncer la situation et leur *coming out* en encourage d'autres à faire de même. Nos sociétés en sont profondément transformées.

Bravo au Dr Olry et à tous ceux qui osent vaincre la peur du ridicule pour laisser leur véritable essence s'exprimer ! Il est urgent que chacun de nous sorte du placard avec ses intérêts, ses expériences, ses intuitions, ses convictions ! C'est uniquement comme cela que l'on se libérera, une personne à la fois, ce qui transformera inévitablement nos sociétés pour le plus grand bien de la planète et de l'humanité !

3. LA DÉCOUVERTE DE SA MISSION

« Nos désirs sont les pressentiments des possibilités qui sont en nous. »

— Goethe

« Il n'y a rien de passionnant à rester petit, à se contenter d'une existence moindre que celle que l'on est capable de créer. »

— Nelson Mandela

« Faire son empreinte dans le monde, c'est difficile. Si c'était facile, tout le monde le ferait. Mais ce ne l'est pas. Cela prend de la patience, cela prend de l'engagement et c'est accompagné de plusieurs échecs en cours de route. La véritable épreuve n'est pas de savoir si vous évitez les échecs, parce que vous n'y échapperez pas. C'est si vous laissez les échecs vous paralyser par la honte ou par l'inaction, ou si vous en tirez des leçons et que vous décidez de persévérer. »

— Barack Obama

Lorsque l'on s'arrête quelques instants pour se poser la question : « Qu'est-ce que je suis venu faire sur cette terre ? », on obtient rarement une réponse cohérente avec ce que l'on accomplit réellement.

La « réalité » est que trop de personnes vivent dans la résignation, convaincues qu'elles doivent cacher leur honte, que jamais elles ne pourront se risquer à exprimer ce qu'elles sont vraiment. Lorsque nous avons déclenché les rires par nos grandes idées, nos champs d'intérêt marginaux et nos rêves farfelus, nous arrivons trop souvent à nous contenter de peu. Pourtant, nous avons tous une mission. Notre âme n'est pas venue sur terre uniquement pour survivre, vieillir et mourir. Notre âme aspire à plus. Elle veut s'exprimer, se révéler, prendre sa place.

Aucun désir intense ne nous habite sans raison. Comme le dit Goethe, « nos désirs sont les pressentiments des possibilités qui sont en nous ». Mais, trop souvent, nous ne savons même plus quels sont les désirs profonds et réels de notre âme. Nous confondons désir avec envie. Nous avons envie d'une nouvelle robe, d'une nouvelle voiture, d'un nouveau jouet pour nous distraire et oublier que notre vie est désespérante. À mesure que nous avançons en âge, il devient de plus en plus difficile de retrouver les désirs fondamentaux enfouis au fond de notre cœur.

En *coaching*, pour aider les gens à laisser aller leur imagination et à renouer avec leurs aspirations profondes, on leur demande souvent ce qu'ils feraient de leur vie si, soudainement, ils gagnaient plusieurs millions à la loterie. La réponse qui vient souvent est navrante de conformisme : « Je démissionnerais de mon emploi, je voyagerais, je m'achèterais une grosse maison, une voiture sport, un bateau. » Aucune imagination ! Comment peut-on croire un seul instant que l'âme aspire réellement à de telles banalités !

La vraie question n'est pas de savoir ce que l'on ferait si l'on n'avait plus peur de manquer d'argent, mais de savoir ce que l'on ferait si l'on n'avait plus peur du jugement, de son propre jugement comme de celui des autres.

La plupart du temps, il n'y a rien d'autre qui nous freine, rien d'autre qui nous retient que nos propres croyances à propos de nous-mêmes et du monde. Ce que nous faisons de notre vie n'est presque jamais limité par quelque chose d'extérieur à nous. Ce qui nous limite, c'est la peur que les autres nous jugent et nous humilient lorsqu'ils réaliseront qui nous sommes vraiment en nous voyant faire ce que nous voulons vraiment faire !

Lorsque nous avons été marqués par la honte, paralysés par la honte, nous choisissons souvent une vie qui est fidèle à notre masque, éloigné de ce à quoi nous aspirons réellement, mais qui sert précisément à nous assurer (croyons-nous) d'échapper au jugement en confortant et en renforçant notre camouflage.

Le plus ironique, dans tout cela, c'est qu'à la base, l'ego aspire à être unique, important. Il veut laisser sa marque, « changer le monde ». Sa plus grande peur est de disparaître, de mourir, de se fondre dans le grand tout qui effacera sa personnalité. Par conséquent, si l'on ne croit pas à une vie après la mort et que l'on craint l'anéantissement, on doit aspirer à survivre dans la mémoire des autres, en laissant un souvenir le plus fort possible pour la postérité.

Pourtant, l'une des stratégies favorites de l'ego qui veut se protéger et éviter à tout prix le ridicule est de chercher à se conformer, à entrer dans le moule afin d'être accepté par tous. Toutefois, si l'on observe qui sont les personnalités qui ont réussi à laisser leur marque dans l'histoire, on constate que ce sont tous des gens qui, au contraire, sont sortis du moule, qui se sont démarqués par rapport à leur époque et aux normes de leur milieu. Jésus,

Mahomet, Bouddha, Moïse, Socrate, Galilée, Léonard de Vinci et Gandhi, pour ne nommer que quelques-uns des grands personnages qui sont ainsi encore bien vivants dans la mémoire collective, étaient tous des individus hors normes et souvent controversés aux yeux de leurs contemporains.

Les êtres qui ont changé le monde, ceux dont on se souvient, ceux à qui notre ego aspire à ressembler, ont dû faire face à la controverse, au ridicule, à l'humiliation et souvent même à la persécution. Par contre, l'histoire ne se souvient jamais du bon soldat qui suivait le pas et faisait tout ce que l'on attendait de lui. Ainsi donc, paradoxalement, pour rassurer son ego qui a soif de reconnaissance, on se condamne à la médiocrité et à l'anonymat. Par le fait même, on étouffe son âme.

Pour retrouver qui l'on est réellement, ce à quoi son âme aspire le plus, il importe de retourner aux sources, de retracer le périple de son incarnation et de reprendre contact avec les rêves de son enfance.

Pour bien des gens, en particulier ceux qui ont subi l'humiliation et créé un masque bien épais, il peut être très difficile de se rebrancher à ses passions enfouies. Pourtant, il est certain qu'enfant, une foule de choses éveillaient notre intérêt et nous enthousiasmaient. Il n'y a qu'à observer des enfants qui jouent et s'expriment pour réaliser qu'en chacun d'eux se retrouve, certes, une curiosité générale, mais aussi des talents et des champs d'intérêt particuliers.

Certains enfants sont instinctivement attirés par la musique et manifestent dès la naissance une oreille exceptionnelle. D'autres sont particulièrement habiles dans l'apprentissage des sports, alors que d'autres encore sont davantage attirés par les jeux d'adresse, le bricolage ou les casse-tête.

Tous les enfants aiment les histoires, mais cela n'est jamais la même histoire qui plaît autant à tous. Certains s'intéressent davantage aux contes qui mettent en scène des animaux, des soldats, des princesses ou des pirates. Cela ne veut pas dire qu'il n'y a que cela qui plaît à l'enfant, mais de manière générale une tendance se dessine assez tôt.

Lorsque l'environnement vient, par exemple, décourager l'intérêt d'un enfant pour la musique, il est fort possible qu'il n'en garde aucun souvenir une fois adulte. Pourtant, il conservera probablement un grand intérêt pour cet art, comme le mélomane qui envie les artistes en se disant que, malheureusement, il n'a aucun talent. Combien d'éducateurs ont ainsi étouffé un potentiel bourgeonnant en riant des premières tentatives maladroites d'un enfant à manier un instrument. Comme si l'on pouvait apprendre à marcher sans tomber !

Pour comprendre ce à quoi notre âme aspire, il est donc important de nous remémorer ce qui nous faisait vibrer, ce qui éveillait notre flamme étant enfant. Pour y arriver, pensez aux activités qui vous passionnaient alors, ce que vous pouviez faire pendant des heures ! S'agissait-il de dessiner ? De vous baigner ? De construire des châteaux de sable ? D'observer les insectes ? De faire des bonshommes en pâte à modeler ? De jouer avec votre animal de compagnie ? De vous promener à vélo ?

Plongez dans vos souvenirs et tentez de revivre un moment magique, une minute d'émerveillement où vous avez senti votre âme vibrer, où, l'espace d'un instant, vous avez éprouvé la certitude que vous étiez bien à votre place sur cette terre, à ce moment précis. Ce genre d'instant magique est très révélateur. Nous en avons tous connu, nous pouvons en retrouver au fond de nous.

J'ai vécu l'un de ces moments marquants la première fois où j'ai vu un magnifique ciel étoilé. Comme je vivais en ville et que je me couchais tôt comme tous les enfants de mon âge, mon expérience du ciel nocturne se limitait à la lune et à quelques étoiles très brillantes. Une nuit, alors que je dormais à la campagne, ma tante m'a réveillée pour que je puisse contempler un sublime ciel constellé d'étoiles. À partir de ce jour, j'ai été fascinée par les astres et par l'infinité de l'Univers.

De retour en ville, je réclamais sans cesse des visites au planétarium. Je me suis mise à lire des livres d'astronomie, d'abord des livres simples pour enfants, puis des ouvrages de vulgarisation scientifique de plus en plus complexes. Ensuite, cette fascination pour les astres m'a conduite à m'intéresser à leur rapport à nous, à travers l'astrologie. Mon intérêt pour l'infini et les mystères insondables que la physique ne réussit pas à expliquer m'a également amenée à transcender tout cela à travers la métaphysique et la spiritualité.

J'ai trouvé une grande vérité dans l'adage disant que « ce qui est en bas est comme ce qui est en haut et [que] ce qui est en haut est comme ce qui est en bas », et mon intérêt pour l'infini s'est transposé sur l'insondable complexité de l'âme humaine.

J'ai toujours senti instinctivement que tout est lié, et je peux affirmer sans l'ombre d'un doute que cette nuit étoilée, alors que j'avais quatre ou cinq ans, a été un tournant de ma vie et l'élément déclencheur de ma quête d'absolu qui se poursuit aujourd'hui.

Évidemment, ces champs d'intérêt un peu particuliers pour une enfant et une adolescente n'ont pas toujours été encouragés. Je dirais même qu'ils ont contribué à ma réputation d'étrangeté et donné lieu à une bonne dose d'humiliation. Je portais mon masque de fille sympathique et branchée pour cacher ma nature profonde devant mes amis, mais aujourd'hui j'ai fait la paix avec elle. Je sais que c'est là que réside ma plus grande richesse.

Si vous n'arrivez pas (encore !) à trouver une telle trame commune, si vous ne parvenez pas à ressentir aussi loin, essayez juste de retrouver ce qui vous allumait vraiment à l'adolescence. Si c'était la danse et que, par exemple, vous avez arrêté de danser au moment même où vous avez passé l'âge des discothèques, qu'à cela ne tienne !

Retrouvez vos chansons préférées et dansez en solitaire, dans votre salon, pour faire remonter en vous ce que l'on ressent lorsque l'on se laisse transporter par la musique. Si nécessaire, pour faire tomber vos inhibitions, prenez un verre de vin ou deux avant, histoire de calmer votre sens du ridicule. À moins que votre santé ne l'interdise, allez-y. Cela peut parfois être tellement thérapeutique ! Laissez votre corps se replonger dans l'énergie de la danse, de la liberté et du bien-être qui l'accompagne.

Même si votre activité de prédilection, celle qui vous allumait vraiment alors que la force de la passion brûlait intensément en vous, n'est plus à votre portée aujourd'hui, par exemple si vous faisiez un sport de compétition et que vous êtes maintenant limité dans vos mouvements par un problème physique, il est toujours possible de vous rebrancher à l'émotion en regardant un film, en lisant un roman ou en vous remémorant des instants particulièrement significatifs avec une personne qui y a pris part.

L'important, c'est de renouer avec cette sensation d'être vraiment et totalement en vie, habités par une flamme qui nous soulève et nous fait sentir que nous ne sommes pas venus ici pour rien. Raviver cela en nous permet de toucher à notre essence profonde, à l'essentiel. Une fois plongés dans cette énergie, nous pouvons demander ce qui nous inspire, ce que nous avons vraiment envie de faire avec le temps qui nous reste sur cette terre.

Toutefois, pour trouver sa mission véritable, celle que son âme a choisie et qui saura la faire vibrer, il ne suffit pas toujours de songer à ces moments magiques. Certes, la jeunesse de tout le monde comporte de tels moments de grâce. Cependant, ils ont laissé chez bien des gens une empreinte malheureusement bien trop faible à côté de souvenirs horribles. Chez les personnes victimes de sévices physiques ou psychiques, comme l'humiliation à répétition, la recherche de beaux souvenirs d'enfance peut s'avérer une quête vaine de jolis coquillages sur une plage souillée par une marée noire. Bien que présents, ils sont inaccessibles.

Il existe heureusement un autre moyen de trouver ce qui peut soulever notre passion : la colère, la rage, l'indignation. Le point commun est l'intensité. Le combat de Rosa Parks, la première femme de couleur à oser s'asseoir sur un siège réservé aux Blancs dans un autobus, a été déclenché par l'indignation qu'elle a ressentie devant le traitement qu'on lui infligeait parce qu'elle était noire. Des milliers de personnes avant elle avaient subi le même sort, mais elle a éprouvé une révolte suffisante pour résister et changer les choses.

Là encore, nous pouvons trouver le cadeau de nos expériences malheureuses. Personnellement, j'ai tellement souffert de l'humiliation, j'ai tellement étouffé ce que je suis par peur du ridicule que cela a donné lieu à un intense besoin de faire quelque chose, d'une part pour briser le silence (sortir du placard !) et d'autre part pour aider les autres victimes de cette même « peur de leur ombre ».

Si vous n'arrivez pas à retrouver ce qui vous faisait vibrer étant enfant, songez à ce qui vous soulève le plus maintenant. L'injustice ? La violence ? La pauvreté ? La pollution ? La discrimination ? La corruption ? La négligence ?

Ce sont tous des fléaux qui affligent notre monde. Mais dans quel genre de milieu ou de contexte ce problème vous touche-t-il, vous trouble-t-il particulièrement ? Le tiers-monde ? Les femmes ? Les grandes villes ? Les enfants ? Les animaux ? Les homosexuels ? Les aînés ? Les autochtones ?

Les causes qui nous allument donnent une bonne indication du genre de mission qui satisferait notre âme. Notre âme a besoin d'intensité. L'appel de notre âme ne peut que soulever notre passion. Demandez-vous ce que vous seriez prêt à faire gratuitement, juste pour le plaisir, par conviction. Suivez le chemin tracé par le désir profond qui monte en vous.

Tous ces moments de joie et de contact avec notre nature profonde sont trop souvent refoulés par l'entourage, par l'éducation. Par exemple, une personne profondément attirée par la musique qui, cependant, ne manifeste aucun talent exceptionnel, peut avoir été humiliée et rabrouée chaque fois qu'elle se risquait à chanter ou à toucher un instrument. En reprenant contact avec cet appel, elle risque fort de le rejeter du revers de la main, d'un réflexe développé pour éviter une autre humiliation.

Il est important de résister à cette tendance et de se plonger dans l'émotion soulevée, dans cet exemple, par la musique. La musique constitue en effet pour bien des gens l'élément déclencheur qui met en contact avec autre chose qui est enfoui dans l'inconscient. Autrement dit, l'appel profond d'une personne passionnée de musique n'est pas forcément de faire de la musique. Cela peut indiquer une vocation qui gravite autour du monde de la musique, comme producteur, *DJ*, imprésario, luthier, organisateur de concerts, critique de spectacles ou membre d'une chorale amateur. Cela peut aussi inviter à utiliser la musique comme outil dans un autre travail, comme la musicothérapie ou la musique pour stimuler la croissance des plantes dans une serre. Chose certaine, tous les événements et phénomènes qui sont capables de nous replonger dans une émotion intense et inspirante nous mettent en contact direct avec notre âme et ses aspirations.

Notre vocation s'inscrit d'ailleurs souvent en continuité avec ce qui a été enfoui et refoulé par nos parents et, si c'est le cas, ces derniers n'auront probablement rien fait pour encourager l'émergence en nous de ce qu'ils n'ont pas pu réaliser eux-mêmes.

Par exemple, lorsqu'un parent est un artiste frustré, qui n'a jamais eu la chance de développer son talent et qui a fait l'objet de railleries à cause de sa grande sensibilité et de son sens de l'esthétique, il serait souhaitable qu'il fasse tout en son pouvoir pour encourager l'un de ses enfants qui aurait les mêmes aptitudes à réaliser ses rêves. Malheureusement, on observe souvent le réflexe contraire. Ce genre de parent est souvent le premier à répéter les erreurs de ses propres parents et à vouloir éloigner son enfant du chemin qu'on lui a interdit. Si cela n'était pas bon pour moi, cela n'est pas bon pour toi !

Il n'est même pas nécessaire que le parent interdise une activité ou en éloigne sciemment son enfant. Il suffit que l'on ressente chez ses proches un malaise ou une énergie de honte entourant certaines tendances ou envies pour qu'on les enfouisse en soi, si jamais elles cherchent à surgir.

Ma mère était une originale. C'était une personne en avance sur son époque. Elle cherchait à éveiller les consciences et à convaincre tous ceux qui croisaient son chemin de la valeur d'un nouveau courant de pensée ou d'une approche thérapeutique qu'elle venait de découvrir. Pour les membres de sa famille, c'était « une folle ». Elle ne savait pas quand s'arrêter, elle ne respectait pas les limites des gens, elle imposait ses idées avec un acharnement et un degré d'obsession qui frisaient effectivement le délire. Toute ma jeunesse, j'ai eu l'occasion d'observer que plusieurs proches ne se gênaient pas pour la ridiculiser.

D'un autre côté, j'avais une tante paternelle originale et excentrique qui était également une éveilleuse de conscience. Bien qu'elle ait su s'y prendre beaucoup mieux que ma mère et ait été considérée comme une sage par de nombreuses personnes de son entourage, ma mère ne se gênait pas pour l'humilier et la rabaisser à mes yeux, probablement par jalousie devant un tel succès qui éclipsait totalement le sien.

Devant ces exemples en apparence contradictoires, j'ai mis longtemps à assumer mon propre rôle d'éveilleuse de conscience. Je voulais suivre les traces de ma tante, mais surtout pas celles de ma mère. Pourtant, avec le recul, force est d'admettre qu'il y avait de grandes similitudes entre les deux et que mon chemin se trouve à être le prolongement ce celui de l'une et de l'autre.

Toutes les deux étaient des personnes « différentes ». Aucune n'entrait dans le moule de la femme québécoise de son époque. Ma tante ne s'est jamais mariée et elle n'a jamais été soumise à un homme, ni à qui que ce soit d'ailleurs. Ma mère s'est mariée à 34 ans et elle était avant tout une femme de carrière. Pour toutes les deux, le développement personnel et la réalisation de soi passaient avant tout.

Au milieu du siècle dernier, dans une société québécoise catholique et bigote, tante Gaby correspondait avec un fakir hindou, et sa curiosité pour tous les types de spiritualité a été une constante pendant toute sa vie. Ma mère, quant à elle, s'intéressait à l'ésotérisme, à la parapsychologie, aux énergies subtiles et aux médecines parallèles. Même si ces deux femmes partageaient de nombreux champs d'intérêt et auraient normalement dû s'entendre, cela n'a jamais été le cas parce que le conflit intérieur de ma mère était trop intense pour qu'elle puisse tolérer la sérénité de ma tante.

Ma mère a donc toujours vécu ses préférences quelque peu marginales en cachette, évitant d'en parler à sa famille et aux gens qui risquaient de la ridiculiser. Je réalise aujourd'hui que mon propre intérêt pour ces sujets a longtemps été, pour moi également, une source de malaise, engendrant la crainte de l'humiliation. Par contre, je valorisais en moi les caractéristiques qui méritaient à ma mère sa réussite professionnelle et sa reconnaissance sociale.

En effet, tout le monde s'accordait pour dire que, dans son travail et avec ses amis, ma mère était une femme généreuse, consciencieuse, fiable, intègre, courageuse, pleine de ressources et toujours disponible. Est-il étonnant, dès lors, que j'aie valorisé, affiché et même renforcé ces qualités en moi, au détriment de mon côté créatif et excentrique qui devait absolument être intégré pour arriver à me réaliser pleinement ? Ma pierre d'achoppement était exactement la même que celle qui a déchiré ma mère. Je refusais en moi ce qu'elle rejetait en elle-même et, par projection, en moi aussi. J'ai tout simplement appris par l'exemple. Comme tous les enfants, je reproduisais un modèle qui, forcément, limitait énormément mes choix. J'ai dû travailler fort pour comprendre que ma mère pouvait être aussi folle et désorganisée lorsqu'elle manifestait certaines parties d'elle, précisément parce qu'elle les rejetait.

Aujourd'hui, en faisant le bilan de notre vie pour retrouver nos passions profondes et la « mission » de notre âme, nous devons obligatoirement revenir sur le chemin tracé par nos proches durant l'enfance. Quels sont les talents et intérêts qui nous appartiennent vraiment ? Quels sont ceux que nous avons empruntés aux autres pour leur plaire ou, au contraire, pour éviter de nous faire rabrouer et humilier ? Quelles sont les passions qui ont été exacerbées ou, plutôt, étouffées en nous par les limites et les ambitions de notre entourage ? Ce retour sur le passé est essentiel et permet à chacun de retrouver sa recette unique.

Chacun d'entre nous possède en effet une « recette divine », un mélange exclusif d'ingrédients venant de notre héritage biologique et familial, de notre vécu pendant l'enfance, de nos expériences, de nos aspirations et de nos passions. Chacun est un être à part, avec un cadeau original à offrir au monde.

Cela fait que je suis là, devant vous, aujourd'hui, Francine Boissonnault, *coach*, auteure, formatrice, traductrice, mère, amante, à la fois urbaine et rurale, amoureuse des chiens, chercheuse d'absolu, communicatrice inspirante, curieuse, maladroite, paresseuse, impatiente, *flyée*, passionnée, intense et contrôlante. Je suis moi, à nulle autre pareille et appelée à un destin unique, qui ne peut être accompli que par moi seule.

Les parties que nous rejetons parce qu'elles nous rendent différents constituent notre plus précieux trésor. En portant un masque, en voulant se prémunir contre le ridicule et en se comportant comme quelqu'un que l'on juge « adéquat », on enfouit ce trésor tellement creux qu'il risque d'être oublié. Jouer un personnage différent de ce que nous sommes vraiment nous condamne à être une reproduction. Nous enterrons alors le chef-d'œuvre original qui sommeille au fond de notre cœur. Une reproduction ne sera jamais un original, elle n'aura jamais une grande valeur. Or, le monde a un urgent besoin de votre contribution originale, de la contribution originale de chacun d'entre nous !

4. LA RÉALISATION DE SOI : VAINCRE LA PEUR DU RIDICULE ET PRENDRE SON ENVOL

« Un homme avec une nouvelle idée est considéré comme un farfelu jusqu'à ce que l'idée ait du succès. »

— Mark Twain

« Notre plus grande peur n'est pas que nous soyons inadéquats. Notre peur la plus profonde est que nous soyons puissants au-delà de ce qui est mesurable.

« C'est notre lumière, pas notre obscurité, qui nous effraie le plus. Nous nous demandons : "Qui suis-je pour être brillant, merveilleux, talentueux, fabuleux ?" En fait, qui êtes-vous pour ne pas l'être ?

« Se rétrécir devant les autres pour qu'ils ne se sentent pas en insécurité ne fait pas preuve d'une attitude éclairée.

« Nous sommes tous voués à briller, comme le sont les enfants. Nous sommes nés pour manifester la gloire de Dieu qui est en nous. Ce n'est pas le sort de quelques-uns d'entre nous, c'est le sort de tout un chacun.

« Et quand nous laissons notre propre lumière briller, nous donnons sans en être conscients la possibilité aux autres de faire la même chose. Quand nous sommes libérés de notre propre peur, notre présence libère automatiquement les autres[15]. »

Texte de Marianne Williamson, lu par Nelson Mandela lors de son discours d'investiture

Nous avons vu, au chapitre précédent, différentes pistes à explorer pour renouer avec notre passion, l'appel de notre âme. Pour cela, il ne suffit pas de trouver ce que nous avons envie de faire, ce qui nous inspire, mais il faut également acquérir la conviction que nous pouvons y arriver. C'est toujours une sorte de saut dans le vide qui nécessite une grande foi en soi et en la vie.

Autant nous projetons notre côté sombre, nos lacunes et nos défauts sur ceux qui nous déplaisent, autant notre démarche visant à ne pas trop faire de vagues nous a amenés à enfouir notre lumière, à la projeter sur d'autres personnes qui deviennent souvent nos héros et idoles, nos porteurs de lumière collectifs.

Nous les trouvons aussi beaux, intéressants et inspirants que nous nous jugeons inadéquats et insignifiants. Pourtant, ce sont des humains comme nous. Leur essence n'est ni meilleure ni pire que la nôtre. Ce que nous voyons en eux, c'est le reflet de notre propre lumière.

Qui sont donc les êtres, morts ou vivants, que vous admirez le plus, qui vous inspirent ? À qui aimeriez-vous ressembler ? Pensez-vous à un artiste, à un travailleur humanitaire, à un scientifique, à un penseur, à un chef politique, économique ou religieux ?

Demandez-vous quelles sont les qualités que possède cette personne qui éveille en vous l'admiration. S'agit-il de grâce, de courage, d'élégance, de générosité, de force, de *leadership*, de compassion, de charisme ou de sens des affaires ? Songez aux deux ou trois caractéristiques que vous admirez réellement chez cette personne et que vous croyez devoir acquérir pour répondre à l'appel de votre âme.

N'oubliez pas le fonctionnement du mécanisme de projection. Il est le même pour l'ombre et la lumière. D'abord, rappelons-nous que nous possédons toutes les caractéristiques qui existent, du moins en germe, en potentiel. Ensuite, nous sommes incapables de percevoir à l'extérieur de nous quelque chose qui n'existerait pas en nous. Les émotions et qualités que nous pouvons reconnaître chez l'autre sont obligatoirement présentes en nous. Sinon, nous serions bien incapables de les remarquer chez l'autre. Par exemple, quelqu'un qui n'aurait jamais éprouvé de jalousie n'en comprendrait pas les signes et manifestations. Il ne pourrait pas les identifier en autrui. De plus, ce qui nous frappe, ce qui nous parle fort chez l'autre est toujours l'expression d'une partie de nous qui réclame de l'attention et souvent même meurt d'envie de s'exprimer. Cela est vrai pour la lumière autant que pour l'ombre.

Nous possédons tous en nous les qualités lumineuses dont nous avons besoin pour réaliser nos rêves. Comme notre ombre, notre lumière a été étouffée à divers degrés durant notre enfance. Cette lumière peut faire peur. Dans le processus de réalisation de soi, la réappropriation de notre lumière peut être encore plus difficile que l'intégration de notre ombre. Admettre que nous sommes assez forts, puissants, grands, inspirants, lumineux pour réaliser nos rêves les plus fous s'accompagne d'une lourde responsabilité. Pour la plupart des gens, notre supposée faiblesse et les limites que nous sommes convaincus de posséder représentent notre meilleure excuse pour ne rien faire et nous contenter d'une existence médiocre qui ne nous satisfait pas.

Selon Erich Fromm, « la principale tâche dans la vie d'un être humain est d'accoucher de lui-même, de devenir ce qu'il est potentiellement ». L'humain doit apprendre à aimer et à accepter de manifester ce qu'il est, totalement, intégralement, inconditionnellement. C'est évidemment plus facile à dire qu'à faire. Si c'était facile, tout le monde y arriverait, non ? Comment, mais comment arriver à intégrer et à manifester tout ce que l'on est, sans camouflage ?

Debbie Ford m'a appris que le moyen, le seul moyen, c'est de trouver le cadeau. Trouver le trésor qui est caché dans le noir, dans ces recoins de notre âme où nous avons le plus peur de regarder. Nous avons tous peur de ce qui est caché au fond de nous. Autant notre lumière que notre obscurité nous font peur. C'est pourtant là que se trouvent nos plus grandes richesses. Il faut absolument oublier l'idée qu'il est nécessaire de se changer, de se cacher, de se déguiser pour s'aimer, pour être aimé, pour avoir droit à sa place au soleil. Il est facile de reconnaître que tous les bébés qui viennent au monde méritent de l'amour et des bons soins. Or, notre parcours a inévitablement commencé par cette innocence et cette pureté ! Nous méritons l'amour dès aujourd'hui, tels que nous sommes.

Toutes nos qualités et caractéristiques enfouies sont porteuses de cadeaux inestimables. Elles sont la clé de notre liberté, de notre réalisation, de notre épanouissement. Elles sont les ailes qui nous permettront de prendre notre envol.

> « Un jour, on demanda à Michel-Ange comment il avait réalisé sa pietà ou son David. Il répondit qu'il se contentait d'imaginer la statue déjà présente dans le bloc de marbre, puisqu'il le taillait pour découvrir ce qui s'était toujours trouvé là. La merveilleuse œuvre d'art, déjà créée et existant de toute éternité, n'attendait que le moment d'être révélée.
>
> « De même, le grand personnage qui se trouve d'ores et déjà en vous est prêt à apparaître en plein jour. Chacun de nous porte en lui les graines de la grandeur. Les "grands" n'ont rien de plus que les autres : ils se sont simplement débarrassés des nombreuses entraves qui les empêchaient d'exprimer le meilleur d'eux-mêmes. »
>
> — Elisabeth Kübler-Ross

La magnificence de notre être est bien emballée, sous des couches et des couches de bandelettes protectrices qui nous transforment lentement, mais sûrement, en momies figées.

Notre plus grand trésor n'a jamais été ce que nous croyons. Notre plus grand trésor n'est pas ce qui fait de nous une personne acceptée, intégrée, bien adaptée à son environnement. Notre plus grand trésor n'est pas la qualité que maman ou papa appréciait en nous, qui nous valait les félicitations du professeur, l'encouragement des camarades. Toutes ces caractéristiques populaires auprès de l'entourage étaient trop souvent synonymes de conformité et de soumission. Elles s'exprimaient lorsque nous ne faisions pas de vagues, lorsque nous ne dérangions personne.

Évidemment que papa, maman et nos professeurs nous préféraient bien sages. Nos amis nous appréciaient lorsque nous participipions sans prendre trop de place, lorsque nous partagions sans rouspéter. La tribu n'apprécie pas ceux qui se démarquent trop. Nous avons appris très tôt à cacher nos forces et notre lumière autant que notre noirceur. Les enfants « trop » brillants dérangent l'autorité encore plus que les cancres.

Adultes, nous avons pour la plupart suivi le même chemin, nous adaptant à ce qui était susceptible de nous apporter un sentiment d'appartenance, une place au soleil. Pourtant, nous ne sommes pas satisfaits. Nous avons l'impression que notre succès relatif s'est fait au prix de l'épanouissement de notre âme.

Si vous avez lu ce livre jusqu'à cette page, c'est que, comme moi, vous avez soif de plus d'authenticité. À un moment donné, dans la vie, un choix s'impose. On peut rester caché derrière son personnage bien installé, poursuivre sa vie en enterrant ses rêves et en risquant de mourir sans jamais avoir été soi-même, ou l'on peut se jeter à l'eau, prendre des risques et montrer au monde qui l'on est vraiment.

Il arrive un âge où cette décision est critique. Plus on attend, plus c'est difficile. Je dirais que de 45 à 55 ans, pour la plupart des gens, c'est le moment de plonger. On a encore peur, mais on a généralement assez vécu pour savoir que le ridicule ne tue pas et que, par contre, la peur du ridicule peut vraiment nous tuer. On commence à réaliser, même confusément, que notre bagage a une valeur et, la plupart du temps, on a perdu l'espoir de changer. En vérité, on n'a plus vraiment envie de changer. On réalise que l'on n'a plus d'énergie à investir dans cette mission impossible. C'est le début du commencement de l'acceptation qui peut mener à la résignation ou à l'amour de soi. Pourquoi ne pas opter pour cette dernière solution ?

La réconciliation avec soi est donc une question de choix. La première étape est de sortir du déni. Une fois que nous avons identifié nos principales sources de honte et de peur, celles qui nous paralysent et nous empêchent de réaliser notre plein potentiel, nous pouvons choisir, décider de nous en occuper une à la fois.

Pour cela, nous avons appris à aller à la rencontre des parties de nous porteuses de chacune de nos peurs dans un exercice intérieur et à trouver ce dont elles ont besoin. Ensuite, pour intégrer les caractéristiques que l'on souhaite se réapproprier, il faut passer à l'action et faire les gestes qui signifient que désormais, on prend la situation en main.

Dans cette démarche, il est essentiel de trouver au moins un complice, un *coach*. La présence d'un interlocuteur qui nous suivra dans notre processus vise, d'une part, à nous assurer que nous ne retomberons pas dans le déni et, d'autre part, à nous aider à relativiser et à dédramatiser les choses.

Cette personne peut certainement être quelqu'un de notre entourage, mais cela peut aussi être un *coach* professionnel, spécialisé dans le travail d'intégration. L'important, c'est d'avoir quelqu'un qui sait reconnaître notre plein potentiel d'épanouissement et qui ne nous permet pas d'y renoncer.

Avec nos complices, nous pouvons également dresser la liste des pires éventualités, notamment nous faire rabrouer ou humilier par nos parents. Même adultes, cela fait encore peur. En utilisant les outils de dialogue intérieur, nous arrivons à prendre contact avec l'enfant en nous qui a encore peur du jugement de papa et de maman. En faisant en sorte de gagner sa confiance et de répondre à ses besoins, nous arrivons à l'apaiser. C'est maintenant à nous de jouer le rôle de ce parent, et nous pouvons être un bon parent pour nous-mêmes !

La recette est simple, il faut faire face à ses peurs de cette manière, une à une. On commence en dévoilant son être, avec toute son originalité et sa vulnérabilité, un jour à la fois, à une personne à la fois. Lorsque nous nous respectons à travers tout le processus, lorsque nous prenons soin de nos parties vulnérables à chacune des étapes, nous arrivons éventuellement à nous libérer de nos peurs à travers des expériences positives.

Le plus beau de toute cette démarche, c'est que les gens qui nous aiment vraiment au départ vont nous aimer tout autant et même nous respecter davantage lorsque nous prendrons le risque de nous mettre à nu devant eux.

En fait, c'est là la plus grande illusion qui berce l'ego. Rien n'échappe jamais à notre intuition. Malgré les apparences, malgré les rôles que l'on joue, malgré les masques, en fait rien n'est jamais vraiment caché pour l'âme. Au fond de nous, nous savons toujours à qui nous avons affaire, consciemment ou non. L'âme sait, le cœur sait. Il ne sert donc à rien de nous cacher, au fond !

On a devant soi ou un interlocuteur qui ressent qui l'on est et qui constate que l'on sonne faux ou un interlocuteur qui ressent qui l'on est et qui constate que l'on a le courage de le manifester.

C'est tout le phénomène de l'authenticité et c'est ce qui fait si cruellement défaut chez nos *leaders* actuellement. Avez-vous déjà remarqué à quel point les politiciens les plus antipathiques se révèlent souvent des personnes très agréables lorsqu'ils se retirent ? Ils peuvent enfin enlever leur masque et être eux-mêmes.

Autant on les détestait avant, autant on se surprend à les trouver sympathiques après, lorsqu'ils sont interviewés au sujet de leur passion du jardinage ou de leurs petits-enfants. C'est qu'une fois retirés de la vie publique, ils n'ont plus à mentir, à justifier l'injustifiable, à prétendre épouser toutes les idées du parti, même celles qui les horripilent.

Ce sont les personnes qui sonnent faux qui nous déplaisent. Autant chez les politiciens que chez les vendeurs de voitures d'occasion, nous sommes capables de détecter collectivement le manque de cohérence entre le discours de l'individu et ce qu'il dégage.

Si l'on s'arrête un peu à y penser, on réalise rapidement qu'il en va de même pour soi. Plus nous sommes vrais, transparents, cohérents et plus nous attirerons des gens qui sont réellement en harmonie avec ce que nous sommes et qui nous apprécient. Les personnes qui, au contraire, ne nous aiment pas auront tendance à se tenir éloignées. La peur qui est née du parachutage de notre âme dans une famille et dans un milieu qui n'ont pas su l'apprécier et la valoriser n'a pas lieu d'être lorsque nous sommes, en tant qu'adultes, en mesure de choisir.

Toute la démarche de réalisation de soi se résume en quelques étapes : fouiller dans tous les recoins de son être profond, faire la paix avec ce que l'on y découvre, laisser jaillir ce qui cherche à s'exprimer et se donner le droit d'être entièrement, totalement et intégralement ce que l'on est. L'authenticité confère à tout ce que nous faisons une énergie qui nous porte à travers les obstacles et les difficultés : l'énergie magique de notre source profonde.

Notre âme a suivi ce chemin pour évoluer et nous apprendre à faire des choix. Le but de toute cette démarche est d'arriver à se choisir. C'est le choix ultime, celui qui compte, qui fait la différence, le choix de toute une vie.

Se choisir, c'est décider de mettre de côté ses peurs, mais aussi ses illusions d'enfant. La peur ne disparaît jamais complètement. Elle fait partie du destin des mortels. Si l'on attend de ne plus avoir peur pour avancer, on est assuré de rester paralysé. La peur est en fait un signe que l'on entre en territoire inconnu, que l'on s'apprête à sortir de sa zone de confort. Or, si l'on écoute la peur et que l'on arrête d'avancer, on se condamne à demeurer dans une prison de désespoir tranquille. La peur représente le mur que l'on doit escalader pour se libérer. Ce qu'il faut faire, c'est accueillir la peur, rassurer la partie de soi qui la ressent et avancer malgré tout dans la direction que l'âme indique.

Se choisir, c'est admettre que le ridicule ne tue pas, mais que la peur du ridicule tue véritablement l'âme d'une mort lente, à petit feu. L'âme a besoin d'exulter, de s'exprimer, de se réaliser. L'âme a besoin de prendre son envol comme un papillon qui laisse derrière lui la chenille qui ne dérangeait personne pour enfin briller de tous ses feux. C'est le choix que l'on a à faire, celui auquel personne n'échappe. Se choisir parce que c'est pour cela que l'on est ici, se choisir parce que c'est comme cela que l'on peut aimer les autres et contribuer au bien commun. Se choisir pour vivre pleinement plutôt que d'exister pour ne pas déplaire. Se choisir malgré les doutes, malgré la peur. Se choisir chaque jour, inexorablement.

CONCLUSION : LES ÉTAPES DE LA RÉCONCILIATION AVEC SOI

« Sitôt on se pense Dieu, sitôt on reçoit une croix. »
— Luc de la Rochelière, *Si fragile*

Une vieille légende hindoue raconte qu'il y eut un temps où tous les hommes étaient des dieux. Mais ils abusèrent tellement de leur divinité que Brahma, le maître des dieux, décida de leur ôter le pouvoir divin et de le cacher à un endroit où il leur serait impossible de le retrouver. Le grand problème fut donc de lui trouver une cachette.

Lorsque les dieux mineurs furent convoqués à un conseil pour résoudre ce problème, ils proposèrent ceci : « Enterrons la divinité de l'homme dans la terre. » Mais Brahma répondit : « Non, cela ne suffit pas, car l'homme creusera et la trouvera. » Alors, les dieux mineurs répliquèrent : « Dans ce cas, jetons la divinité dans le plus profond des océans. » Mais Brahma répondit: « Non, car tôt ou tard, l'homme explorera les profondeurs de tous les océans. Il finira par la trouver et la remontera à la surface. »

Ensuite, les dieux mineurs suggérèrent : « Dans ce cas, lançons-la aux confins du ciel. » Mais Brahma répondit : « Non, car un jour l'homme découvrira comment voyager dans le ciel. Il est certain qu'un jour, il la trouvera et la ramènera sur terre. » Alors, les dieux mineurs conclurent : « Nous ne savons pas où la cacher, car il ne semble pas exister sur terre, dans la mer ou dans le ciel d'endroit que l'homme ne puisse atteindre un jour. »

Alors Brahma dit : « Voici ce que nous ferons de la divinité de l'homme : nous la cacherons au plus profond de lui-même, car c'est le seul endroit où il ne pensera jamais à la chercher. » Depuis ce temps-là, conclut la légende, l'homme a fait le tour de la terre et visité le ciel. Il a exploré, escaladé, plongé, volé et creusé, à la recherche de quelque chose qui se trouve en lui.

Ainsi, toute la démarche que je recommande dans ce livre n'a qu'un but, se réconcilier avec soi et se réapproprier sa divinité intérieure. Ce processus se résume en quelques étapes :

- Sortir du déni.
- Prendre conscience de l'importance de la honte dans sa vie.
- Identifier ses principales sources de honte.
- Trouver les éléments déclencheurs.
- Identifier un élément qui ressort dans le moment présent (travailler une source de honte à la fois).
- Effectuer un exercice intérieur : dialoguer avec la partie de soi porteuse de l'émotion dominante, identifier les actions susceptibles de l'apaiser et agir.
- Se réapproprier son passé.
- Se remémorer qui l'on est, d'où l'on vient.
- Identifier l'héritage de sa famille et de son milieu.
- Reprendre contact avec ses champs d'intérêt et ses aspirations d'enfance.

- Réveiller ses passions oubliées.
- Sortir du placard.
- Identifier différents contextes propices pour se révéler (un groupe, un complice, un *coach*).
- Dresser la liste des pires éventualités.
- Affronter ses peurs une à une.
- Se révéler autour de soi (personnes de confiance, ateliers, groupes de soutien, etc.).
- Élargir graduellement le cercle.
- Prendre son envol.
- Obéir à l'appel de son âme et faire enfin ce que l'on a vraiment envie de faire, libéré de la peur du ridicule.

Le dialogue avec soi, c'est-à-dire le contact avec chacune des parties de soi porteuse de doutes, de peurs, de défauts enfouis dans l'ombre et de qualités des plus lumineuses, est un travail sans fin.

Tous les jours, la vie m'apporte de nouveaux défis. Chaque jour, les parties de moi m'enseignent comment y faire face. Chaque fois que je me berce dans l'illusion que j'ai fini de faire le tour de mon jardin, une nouvelle épreuve, grande ou petite, vient rappeler à mon ego qu'il ne possède pas toutes les réponses. L'ego n'a que des questions. Ces dernières sont toutes motivées par une chose : la peur.

Les réponses, quant à elles, se trouvent toujours à la même place, dans mon âme, au milieu de mon jardin intérieur, où toutes les précieuses parties de moi porteuses de mes émotions, de mes sentiments, de mes qualités et de mes défauts n'attendent que mon appel pour venir à ma rencontre et m'offrir leur cadeau. Ensuite, je n'ai plus qu'à passer à l'action en faisant ce que mon âme me demande pour avancer sur le chemin et retrouver la paix, jusqu'au prochain orage.

Cette démarche ne fait pas de moi une personne qui ne retourne jamais dans l'enfer de la honte et du rejet de moi-même. Je suis convaincue qu'espérer échapper à l'enfer que crée la peur est une utopie. Cependant, quand j'y retourne à l'occasion, à cause d'un événement extérieur ou d'une crise hormonale, c'est pour beaucoup moins longtemps. Je ne m'enlise plus dans cet état de souffrance, car je connais le chemin pour en sortir. Ce chemin passe dorénavant par le joli sentier de mon jardin intérieur et les innombrables aspects de moi que j'y rencontre. Et chacun d'eux, une fois que je lui ai accordé l'attention qu'il réclame et dont il a été privé pendant des années, devient un complice indéfectible qui me prend par la main et me guide vers la lumière.

Mon souhait le plus cher est qu'à votre tour, vous vous laissiez guider par tous les précieux aspects de vous-même afin qu'ils puissent livrer leur précieux trésor, à vous-même d'abord, puis à vos proches et ultimement à l'humanité tout entière. Lorsque chaque humain aura effectué ce travail d'intégration qui met fin à la guerre intérieure, alors on pourra espérer une paix durable dans le monde extérieur. C'est la grâce que je nous souhaite.

NOTES

1. John Bradshaw, *Healing the Shame that Binds You*, HCI, 1988.
2. *Le Petit Larousse illustré.*
3. Claude-Marc Aubry, *Heureux en amour*, Flammarion, 2003.
4. *Antidote.*
5. Daniel Stimson, Ph. D., « Inner Workings of the Magnanimous Mind », National Institute of Neurological Disorders and Stroke, 4 avril 2007.
6. Réseau éducation-médias, « Beauté et image corporelle dans les médias », www.media-awareness.ca/francais/enjeux/stereotypes/femmes_filles/beaute_image.cfm.
7. Merle A. Fossum et Marilyn J. Mason, *Facing Shame*, Norton Paperback, 1989.
8. John Bradshaw, *Healing the Shame that Binds You*, HCI, 1988.
9. Titre du concert qui marquait le début des festivités de l'assermentation de Barack Obama en janvier 2009.
10. Cet exercice, à la base du travail de Debbie Ford, vise la réappropriation de ses projections et l'intégration de l'être.
11. Debbie Ford, *La part d'ombre du chercheur de lumière*, du Roseau, 2003. Réédité aux Éditions J'ai lu, 2010.
12. *Ring the bells that still can ring. Forget your perfect offering. There is a crack in everything. That's how the light gets in.*
13. Alyce Barry, *Practically Shameless*, Practically Shameless Press, 2008.
14. www.cyberpresse.ca/opinions/chroniqueurs/pierre-foglia/200910/30/01-917028-composition-francaise.php.
15. Marianne Williamson, *Un retour à l'amour*, du Roseau, 2000.

Pour rejoindre l'auteure, veuillez consulter son site web :
www.FrancineBoissonnault.ca

RECYCLÉ
Papier fait à partir
de matériaux recyclés
FSC® C103567

FSC
www.fsc.org

MARQUIS
Marquis imprimeur inc.

Québec, Canada
2012

Imprimé sur du papier Silva Enviro 100% postconsommation
traité sans chlore, accrédité ÉcoLogo et fait à partir de biogaz.

100%
PERMANENT
BIO GAZ
ÉNERGIE